1-2-08

Para: Mi Gi

Espero

de este manjar espiritual!!

Cuando las
Mujeres Adoran

Realmente yo he sido edificada
y quiero compartir esta bendición.
contigo.

Recuerda que nosotras somos
siervas de Dios y al terminar este
libro nosotras también somos
"mujeres que Adoramos" a Dios.

Con Amor,

De: Sierva Lara

Cuando las Mujeres Adoran

Creando una Atmósfera de Intimidad con Dios

Amie Dockery
& Mary Alessi

Peniel

Buenos Aires - Miami - San José - Santiago

www.editorialpeniel.com

Cuando las mujeres adoran
Amie Dockery y Mary Alessi

Publicado por:
Editorial Peniel
Boedo 25
C1206AAA Buenos Aires - Argentina
Tel. (54-11) 4981-6178 / 6034
e-mail: info@peniel.com

Copyright © 2007 Editorial Peniel
www.peniel.com

Diseño de cubierta e interior: Arte Peniel / arte@peniel.com

Copyright © 2007 By Amie Dockery & Mary Alessi
Originally published in the USA by Regal Books a division of
Gospel Light Publications Inc. By the title:
When Women Worship – Creating an atmosphere of intimacy with God.
Ventura, CA 93006 USA - All rights reserved.

Ninguna parte de esta publicación puede ser reproducida en ninguna
forma sin el permiso escrito de Editorial Peniel

Impreso en Colombia
Printed in Colombia

Dockery, Amie
Cuando las mujeres adoran / Amie Dockery y Mary Alessi
1a ed. - Buenos Aires : Peniel, 2007.
Traducido por: Karin Förster Handley
ISBN-13: 978-987-557-190-7
1. Devoción Cristiana. I. Alessi, Mary II. Handley, Karin, trad. III. Título CDD 248
144 p. ; 21x14 cm.

AGRADECIMIENTOS

Cuando se trata de la revelación, las palabras son potentes, pero en términos de describir la gratitud ¡no alcanzan! Gracias a mi padre por creer en la muy especial unción de Dios para las mujeres. Gracias a mi esposo por creer en la única unción de Dios sobre esta mujer. Y gracias a mi madre, por vivir la revelación del verdadero poder que Dios nos da.

—AMIE DOCKERY

Gracias a mi maravilloso esposo Steve, apoyo constante y amor de mi vida. A mis cuatro fabulosos hijos: Christopher, Stephanie, Lauren y Gabrielle. Ustedes son mi inspiración...

A Amie Dockery, mi amiga y compañera de obra en Cristo: me inspiras para beber del más profundo manantial de revelación y oír lo que Dios dice.

—MARY ALESSI

Índice

Prólogo

¿Qué es la adoración? ¿Cómo adoramos? ¿Por qué adoramos? ¿Y a quién adoramos? Muchas veces me han formulado estas preguntas, y también lo he preguntado yo. Después de veinte años como líder de alabanza y adoración, pensé que conocería las respuestas, pero después de leer *Cuando las mujeres adoran a Dios* sé que todavía tengo mucho por aprender. Cada uno de los testimonios y experiencias en este libro provino de un lugar de humildad y vulnerabilidad que no siempre es fácil dar a conocer a los demás. Algunas de las mujeres que aparecen en este libro soportaron pérdidas que las devastaron. Sus historias me alentaron a buscar más profundo, a indagar más en el tema de la alabanza y adoración para ir a sus orígenes.

La Biblia nos cuenta de una joven llamada Ester, que pudo pasar a un lugar de prominencia e influencia a pesar de su origen, porque estaba dispuesta a agradar al rey. Se vestía con los colores que a él le gustaban y se ponía el perfume que más le agradaba. ¡Todo lo que hacía tenía que ver con él! Y como se tomaba el tiempo para honrar al rey, tenía acceso a su entorno más cercano y pudo salvar a toda una nación.

En el libro de los Salmos se nos manda a ponernos las vestiduras de la alabanza. Hemos de envolvernos en alabanza y prodigar adoración a nuestro Rey. Cuando hacemos lo que agrada al Señor, nuestro Dios, nuestro Rey, Él nos otorga acceso pleno a su corte, su entorno más íntimo.

Jamás me sentí tan conmovida por un proyecto como cuando leí este libro. La presencia manifiesta de Dios llena estas páginas con el mensaje de su capacidad, para liberarnos de errores y heridas del pasado, para que podamos vernos como nos ve Dios. Somos sus hijas, sus niñas, y Él nos ama profundamente a pesar de nuestros defectos.

Si temes acercarte al Rey a causa de tus orígenes, si sientes que tus errores del pasado te hacen indigna de acercarte, alábalo de todos modos y observa cómo viene Él a tu encuentro en ese lugar.

¿Qué es la adoración y cómo adoramos? ¿Por qué adoramos y a quién? Los testimonios que presenta este libro te llevarán hasta lo más profundo, y te darán mayor entendimiento para responder a estas preguntas. Al leer los testimonios, mi oración es que veas por ti misma el poder transformador que se eleva cuando las mujeres adoramos.

—MARTHA MUNIZZI
Compositora y líder de adoración

Introducción

A veces, cuando tengo que comprar un regalo, encuentro que la experiencia me pone nerviosa, en especial si no estoy segura de qué es lo que busco. ¡Y ver cómo la persona luego abre el paquete puede crisparme los nervios todavía más que la búsqueda y elección! Porque pienso: "¿Qué pasa si me equivoqué y compré cualquier cosa?"

Quizá exagere un poco –muchas veces suelo pensar y repensar demasiado–. Pero cuando le compro un regalo a alguien, quiero que esa persona sienta que la aprecio, que la comprendo. No quisiera darle a alguien algo que no refleje sus gustos, deseos personales, su personalidad. Así que cuando estoy segura de que he logrado captar las pistas, que voy por el camino correcto hacia lo que les gustaría, ¡entonces sí me gusta ir de compras! Es muy gratificante también verlos abrir el paquete. Estoy segura de que acordarás conmigo en que la alegría de dar es más grande cuando sabes que le cumples un deseo a alguien.

Y resulta que sé lo que Dios desea como regalo. Lo que quiere es a ti, la versión real y auténtica de quién eres. Te quiere toda, el paquete entero. ¿Cómo lo sé? Porque el Salmo 51:6 nos dice: *"Yo sé que tú amas la verdad en lo íntimo; en lo secreto me has enseñado sabiduría"*.

¿Cuántos somos los que pasamos mucho tiempo y gastamos mucho dinero en la presentación del regalo, en el papel del envoltorio, sin prestar demasiada atención al regalo mismo? Y, sin embargo, cuando pensamos en la adoración también dedicamos mucho tiempo a examinar la presentación exterior, la demostración, en tanto olvidamos por completo reflexionar sobre el tesoro que contiene esta manifestación. ¡El "envoltorio" tiene más importancia que el regalo!

Temo que nuestra mirada atenta al talento en relación con la adoración, ha quitado relevancia al divino intercambio que es designio de la adoración para todo creyente. De hecho, me aventuraré a adivinar que muchos creyentes no se ven a sí mismos como adoradores, porque basan su suposición en el desafío de cómo presentarse, cómo expresarse ante los demás. Aunque la adoración es expresión de lo que hay dentro de nosotros, no consiste en la capacidad de expresión "vocal". Mi amiga y coautora Mary Alessi concuerda en que hay un problema de perspectivas en cuando a la adoración. A pesar de que se presta mucha atención a la demostración externa, falta reconocimiento de la preparación interior y la respuesta. La adoración es mucho más que una canción o danza: es la atmósfera que preparamos, la conexión que compartimos. Tiene que ver principalmente con nuestra desesperada necesidad de Dios y su infinito amor por nosotros.

Si podemos adorar en espíritu y verdad, como nos instruye Jesús, tendremos comunión con Dios. Y si podemos tener comunión con Él recibiremos poder, se nos dará autoridad, y podremos por su gracia restaurar un mundo caído.

Hoy el Espíritu de Dios nos rodea en busca de verdaderos adoradores y adoradoras que puedan concebir el profético futuro del Reino.

Creo que las mujeres tenemos un especial y único designio dado por Dios para poder albergar en nosotras la obra del Espíritu Santo. Y no es este un proceso de "talle único". Es un intercambio único, divino, que sucede cuando abrazamos la decisión de entregárselo todo a Dios.

Oro porque las mujeres de todo el mundo comiencen a reconocer su lugar en el reino de Dios, al tiempo de reconocer también el diabólico plan de Satanás para impedirles que sean fructíferas. Las mujeres han sido el grupo poblacional más oprimido de la historia y, aún así, Dios ha decidido estimarnos, usándonos para que se produzca su voluntad sobre la Tierra. Oro porque te unas a otras mujeres de la historia en este viaje íntimo hacia una relación más profunda con nuestro Creador. Él espera y el mundo también. Cuando leas estas páginas, ¡oro porque nada te impida acercarte más y más a Aquel que ama tu alma con tan infinito amor!

—AMIE DOCKERY

CAPÍTULO I

Querer

«Oh Dios, tú eres mi Dios; yo te busco intensamente.
Mi alma tiene sed de ti; todo mi ser te anhela, cual
tierra seca, extenuada y sedienta»

SALMO 63:1

Mary Ann había vivido en el desierto durante toda su vida. Nació y creció en una tierra árida donde el murmullo de los acondicionadores de aire era casi parte del ruido ambiental, donde el refrigerador siempre contenía bebidas frescas, y donde casi no dedicaba tiempo alguno a pensar en la importancia del agua como fuente de vida. Hasta un día de mucho calor en agosto, cuando su auto deportivo casi flamante y su muy tecnológico teléfono celular, dejaron de funcionar al mismo tiempo.

Estaba a kilómetros de casa y de cualquier otro lugar civilizado. Mary Ann luchó contra la creciente sensación de pánico, repitiéndose que tenía suficiente agua en el baúl del auto. Pero cuando quiso verificarlo, grande fue su sorpresa al ver que el bidón de veinte litros que por insistencia de su padre llevaba siempre consigo, ya no estaba. Recordó de inmediato que dos días antes se había encontrado con un amigo en medio de la ruta. Su auto se había descompuesto y Tony solo podría hacer que arrancara si llenaba de agua el radiador. Por eso Mary Ann le había dado el bidón y le aseguró que tan pronto regresara a casa cargaría otro en su auto.

Obviamente, había olvidado hacerlo. Y ahora estaba aquí, con el auto descompuesto y sin señal de teléfono celular. Miró hacia la derecha, y luego hacia la izquierda. El vasto paisaje del desierto le indicaba que no había muchas probabilidades de que pasara por allí algún otro vehículo en el corto plazo, por lo que sintió que los 46° C apretaban todavía más y amenazaban con sofocarla.

Si tan solo hubiese seguido los consejos de su padre sobre mantenerse siempre en las rutas principales. Pero había tomado un atajo a través del desierto, el mismo que tomaba siempre desde que había obtenido su licencia desde hacía tres años. Nunca había tenido problemas. Después de todo el auto estaba casi nuevo, y había muy pocos lugares donde el celular no tenía alcance. Se preguntó cómo era posible que tanto el auto como el teléfono la traicionaran al mismo tiempo, justamente cuando se encontraba en un camino solitario, desierto, sin su habitual reserva de agua potable. Sin embargo, allí estaba y la temperatura no descendería hasta varias horas más tarde.

La idea misma hizo que sintiera la garganta reseca, la lengua gorda en su boca. ¿Cuánto podría resistir allí, sin agua? ¿Cuánto tiempo pasaría hasta que la encontraran, viva o muerta? Había oído que la muerte por deshidratación es de las más crueles y terribles. Cuanto más lo pensaba, más miedo tenía y más anhelaba un sorbo de agua fresca y limpia.

El único lugar de sombra era un pequeño rectángulo, provocado por su auto. Al menos le brindaba cierto respiro del agobiante calor del sol. Sentada en el suelo junto al camino y con la espalda apoyada contra el guardabarros, se dijo que no debía dormir porque podría haber serpientes o escorpiones venenosos por allí. Pero es posible que dormitara un poco, porque lo último que recordó luego fue haber pedido a Dios que la protegiera y le enviara ayuda. Y le pareció que al instante, alguien le palmeaba el brazo:

— ¿Estás bien? —preguntó una voz.

Mary Ann abrió los ojos y vio el rostro arrugado de un anciano barbudo, que la miraba preocupado con ojos vidriosos por su edad, mientras le ofrecía una cantimplora. Cuando el hombre sonrió, la muchacha notó que le faltaban casi todos los dientes, pero en ese momento le pareció el hombre más apuesto que hubiera visto jamás. Abrió la boca y sus labios resecos se regodearon en contacto con el líquido dador de vida.

En verdad, Mary Ann había estado allí durante menos de dos horas antes de que apareciera el anciano caballero, pero al faltarle el agua refrescante, estaba segura de que había pasado una eternidad asándose bajo el sol. Cuando pudo hablar le agradeció su ayuda y se prometió nunca volver a correr riesgos de manera tan tonta, y llevar siempre consigo el agua tan necesaria para la supervivencia en esta región.

Hay muchas cosas que nos hacen desear más de Dios, buscarlo y acercarnos a Él. En momentos de tragedia o desesperación buscamos la mano y el corazón de nuestro Creador. Yo (Amie) me he preguntado muchas veces si miraríamos el cielo con anhelo si estos momentos no existieran. ¿Es posible apreciar las aguas profundas del Espíritu si uno no pasa por la aridez y dura sequedad de lo que sucede en nuestras vidas?

Todos tenemos en el fondo un deseo de unirnos a Dios, aunque en tiempos de abundancia, por lo general lo olvidamos. Hay dos cosas que despiertan nuestra sed: estar en el desierto, y trabajar duro. Quienes están en un desierto espiritual claramente desesperan buscando un alivio que solo el Espíritu de Dios puede ofrecer. En este caso, es la carencia lo que despierta el deseo. El otro extremo que nos hace buscar más, es cuando estamos agotados, como obreros en la cosecha. Si pasamos los días entregándonos a los demás, creamos una gran necesidad en nosotros, porque anhelamos el acceso a un profundo pozo de agua, un manantial que nos dé de beber no solo a nosotros sino también a aquellos a quienes regamos.

Entre los que "carecen" y los que "se entregan" encontramos a todos los demás, a aquellos que "parecen estar satisfechos". Son los que han sido regados, cultivados y cuidados por los obreros que en su beneficio van al pozo por agua, al manantial de la adoración. A pesar de que es necesario este paso en el camino del crecimiento espiritual, no es esta una solución permanente. Llegará un momento en que el anhelo de los que están "en medio" ya no se verá satisfecho con el agua que otros les traigan. Y a menos que se ocupen de su gran sed y se centren en cavar su propio pozo de agua, su manantial de adoración, se verán impulsados al desierto donde su deseo se tornará en desesperación y luego en una batalla por la supervivencia espiritual.

Es posible que hoy te encuentres varada en medio del ardiente desierto, donde sientes como nunca antes que necesitas agua fresca. O quizá seas una obrera que necesita un manantial más profundo que sustente la abundancia del favor de Dios en tu vida. También es posible que seas un brote joven, celoso y acaparador de toda gota de rocío que puedas conseguir. No importa dónde te encuentres en este ciclo de la sed, habrá siempre un corto período de tiempo en que podrás satisfacerte con poca agua. Cuando eres nueva, pequeña, solo hacen falta unas gotas para empapar tu cuerpo, tu alma y tu espíritu. Pero a medida que crezcas querrás más y tu sed de Dios será lo que te lleve al manantial de la adoración.

En otoño de 2004, mi manantial estaba secándose. La sequía había comenzado en la primavera de 2003, al enterarme de que mi tía Sally, única hermana de mi madre, tenía un tumor cerebral. Al principio, en el fragor de la lucha, sentí mucha gratitud por el manantial de adoración que había cavado antes de que mi hermano fuera atropellado por un auto años antes.

Conocía muy bien mi pozo de agua, mi manantial, y sabía cuán profundo era, y también conocía el gozo que de allí surgía. Como familia cristiana habíamos celebrado el fenomenal milagro de sanación producido en mi hermano, y como resultado de esta prueba todos habíamos cambiado para mejor.

Desde entonces no me había molestado en cavar más profundo, y vivía de la abundancia de ese momento. Pero cuando tuve que enfrentar el pronóstico terminal de mi querida tía, me pareció que el manantial ya no era profundo. Esta batalla era más larga, más cansadora, y empecé a ver que corría peligro de tocar fondo muy pronto. Necesitaba un pozo más profundo, un manantial con más agua.

Atraída hacia un lugar más profundo

Mi tía Sally no era solo parte de mi familia. Ella y su esposo eran pastores y líderes de adoración en la iglesia. Jamás vi a la tía Sally como otra cosa que una dinámica cantante, una apasionada adoradora. Ella y mi madre y uno de sus hermanos cantaban en la iglesia desde que eran niños. Su dedicación a la adoración provenía de su estilo de vida, para convertirse en un ministerio musical que tocaba a personas en todo el mundo. Yo siempre había sabido que mucho antes de mi nacimiento, tanto mi tía como mi madre y este hermano, habían recorrido el mundo. Con mis primos solíamos sentarnos a escuchar los viejos discos grabados por ellos, soñando alguna vez tener la pasión que sentían.

Mi tía en particular jamás cantaba y nada más, sino que ¡predicaba con sus canciones! Sentía y expresaba el corazón de la adoración con cada nota.

Así que cuando ese devastador cáncer de cerebro le robó la capacidad de leer y luego, de cantar, el agua lodosa de mi manantial no lograba satisfacer mi sed. Era hora de cavar más profundo, de ver la presencia del Espíritu Santo de manera más íntima.

En octubre de 2004 comencé a excavar otra vez. Durante cuarenta días más de doscientas mujeres nos reunimos en este emprendimiento de adoración consagrada, ayuno y oración. Como resultado de la experiencia, todas juntas encontramos un río subterráneo. Y fue durante esa época que pude ser testigo del más profundo nivel de adoración que hubiera conocido jamás. Mi tía Sally, ya incapaz de cantar, estaba en una silla de ruedas ante una multitud de miles de adoradores, y gritaba: "¡Adórenlo! ¡Adoren! ¡Adoren!"

Con las manos elevadas, nos exhortaba a ir más y más lejos, más profundo en nuestra adoración.

No tengo palabras para describir lo que sentí ese día. Vi a esta mujer que había sido mi maestra, esta mujer con talento sin igual, afinada, y que me alentaba a cantar y adorar con excelencia, en demostración de que la verdadera adoración no puede perderse en la ilusión de nuestras capacidades. La tía Sally fue para todas un modelo de lo que es la adoración verdadera como respuesta a nuestra necesidad y agradecimiento hacia el Todo poderoso. Nuestra sed y desesperación por excavar produce un manantial donde podemos encontrar el reflejo de Dios.

El 23 de diciembre de 2004 mi querida tía Sally partió para estar con el Señor. Aunque nuestra oración, ayuno y adoración no cambiaron el plan de Dios para mi tía, todo esto sí nos cambió a nosotros. De hecho, el libro que hoy tienes en tus manos es resultado directo del divino intercambio cosechado durante esa temporada de adoración en mi vida.

Aunque muchas cosas nos acercan a Dios, nuestras necesidades son lo que nos liga al deseo de tener a Dios en nuestras vidas y buscarlo por medio de la adoración. Hubo una respuesta del cielo mientras nos consagrábamos por mi tía. Ella pasó de un lugar de tristeza y depresión por su enfermedad, a un lugar de poder y pasión. Aunque había sido una talentosa cantante y adoradora antes de que el tumor avanzara, hacia sus últimos días siguió siendo una apasionada adoradora, aún cuando ya no pudiera cantar. Su necesidad de sanación fue el catalizador que me llevó a un lugar más profundo.

Algo más
MARY ALESSI

Piensa cómo te sentirías si llevaras a tu hijo o hija a la juguetería y dijeras:

– Compra algo que te guste.

Y la respuesta fuera:

– Mamá, no necesito nada. Ya has hecho mucho por mí. Solo me alegra estar aquí contigo.

Todos los padres y madres del mundo te dirían que tu hijo o hija es la criatura más maravillosa y sensible de la Tierra. Entonces, insistirías en regalarle algo aunque tuvieras que elegirlo tú. Después de todo, tal actitud merece una recompensa.

A diferencia de este niño perfecto, imaginario, muchas veces nos vemos atrapadas en una búsqueda por más, para encontrar que estamos pidiendo más de lo que nos conviene. Las posesiones materiales están muy bien, pero hay tanto más en Dios, que las bendiciones físicas que Él puede darnos. La obra interior del Espíritu Santo es la posesión más valiosa que podemos conseguir. ¿Sabe Dios en realidad cuánto más lo necesitamos y deseamos por encima de la respuesta inmediata a nuestras oraciones? ¿O es que hemos puesto nuestras "necesidades" por delante de nuestro deseo por más de Él? ¿Pasamos la mayor parte de nuestro tiempo de adoración acosándolo con las grandes preguntas, o vemos la adoración como oportunidad para expresar nuestro más profundo amor y gratitud por quién es Él, en lugar de por lo que Él nos da?

Lo que debiéramos buscar cuando se nos otorga audiencia con el Altísimo, es más de su presencia, así como la reina Ester le pidió más tiempo al rey en lugar de bombardearlo con su urgente necesidad. Se tomó el tiempo de alimentar y entretener al rey, dándole la bienvenida a sus habitaciones antes de dar a conocer su pedido. De hecho, resultó ser que ni siquiera tuvo que mencionar lo que necesitaba. Porque habiendo concentrado su energía en dar al rey, él le ofreció lo que quisiera a cambio, diciendo que nada se le debía impedir o quitar. Cuando lo que nos importa más es conocer al Rey de reyes en lugar de recibir cosas de Él, Dios no escatimará nada de lo bueno que pudiera darnos.

Tengo sed de ti

Si no fuera por las necesidades personales y cotidianas de la vida, quizá jamás llegaríamos a conocer la magnitud de nuestra verdadera necesidad de Dios. Hay muchas mujeres en *La Biblia* que buscaron un nivel más profundo en su relación con el Dios viviente, porque necesitaban algo. María de Betania, conocida por romper un carísimo jarro de alabastro lleno de perfume para bañar los pies de Jesús (vea Marcos 14:1-11; Juan 12:1-11) se vio impulsada por la necesidad de expresarse. Ana necesitaba la plenitud de dar a luz, y por eso lloraba en público en la escalinata del tabernáculo. Rut necesitaba algo concreto, por lo que decidió seguir a su suegra Noemí, sin tener promesa alguna para el futuro.

Así como la mujer samaritana que fue a buscar agua del pozo y conoció allí a Jesús, nuestras necesidades prácticas también pueden llevarnos a un lugar de encuentro con el Todopoderoso. La pregunta es: cuando llegas a este lugar de necesidad, al pozo de agua viva ¿te sorprendería si Dios primero te pidiera algo?

> *«En eso llegó a sacar agua una mujer de Samaria, y Jesús le dijo:*
> *—Dame un poco de agua.*
> *Pero como los judíos no usan nada en común con los samaritanos, la mujer le respondió:*
> *—¿Cómo se te ocurre pedirme agua, si tú eres judío y yo soy samaritana?»*
>
> —Juan 4:7-9

¿Alguna vez te acercaste al pozo anhelando llenarte, y antes de extraer tu bendición oíste las palabras de pedido resonando en tus oídos: *"Dame..."*?

Sí me sucedió, y mi reacción inicial casi siempre es la misma: "Pero si yo estoy vacía. Para eso vine, Señor... para llenarme de ti".

Y respondo, como la samaritana: "¿Cómo se te ocurre pedirme...?"

Los judíos no tenían nada en común con los samaritanos, porque se consideraban elegidos de Dios como pueblo, y creían que los samaritanos eran una raza inferior. Además, esta mujer en particular era considerada inmoral, incluso entre los mismos samaritanos de su vecindad. No solo se la consideraba maldita por estéril, sino que se había casado y divorciado varias veces, y ahora vivía con un hombre con quien no había contraído matrimonio. Entre los suyos, era tan despreciada que ni siquiera podía ir al pozo a buscar agua en los momentos más frescos del día, cuando iban todas las demás mujeres. Tenía que esperar, e ir cuando hacía más calor para no mezclarse con las "respetables" que a mediodía ya estaban al reparo del sol en sus casas. Por eso es fácil entender su pregunta a Jesús, un judío, y nuestra pregunta a Dios si Él nos pidiera algo: "¿Cómo es que crees que podrías necesitar algo de mí?"

Por cierto, si Jesús hubiera querido agua podría haberla conseguido sin pedírsela a esta despreciable mujer, ¿verdad? Así que la situación nos hace pensar en algunas cosas. Ante todo ¿por qué se pondría Jesús en posición de "necesitar" algo de esta samaritana? Y segundo ¿por qué se pondría Dios en posición de necesitar algo de ti y de mí?

Parece claro que Jesús quería necesitarla, así como quiere necesitarnos a todos. Si la samaritana hubiera conocido a Jesús, y conocido su naturaleza, es probable que hubiese estado más que dispuesta a satisfacerlo a Él primero antes de pedirle que la llenara:

> *«Si supieras lo que Dios puede dar, y conocieras al que te está pidiendo agua —contestó Jesús—, tú le habrías pedido a él, y él te habría dado agua que da vida»*
>
> —Juan 4:10

El regalo de Dios es la eterna recompensa de la relación con nuestro Creador. La samaritana al ofrecerle agua a Jesús, es una imagen de cómo podemos ofrecernos a nosotros mismos con todo lo que tenemos como sacrificio vivo a Dios (vea Romanos 12:1). Aunque en última instancia no puede compararse con cómo nos llena y satura el Espíritu de Dios, un regalo que dura por siempre. Somos bendecidos cuando echamos un vistazo a las intenciones de Dios para con nosotros, en este diálogo que tuvo Jesús con la mujer junto al pozo. El relato no fue escrito para entretenernos, sino para edificarnos y enseñarnos algo sobre la naturaleza de Dios, que siempre busca darnos cosas buenas:

«Todo el que beba de esta agua volverá a tener sed —respondió Jesús—, pero el que beba del agua que yo le daré, no volverá a tener sed jamás, sino que dentro de él esa agua se convertirá en un manantial del que brotará vida eterna»

—Juan 4:13-14

Como dijo Jesús, cuando bebemos agua física para satisfacer nuestra necesidad física y temporal, volveremos a tener sed. Pero cuando empezamos a buscar la verdadera plenitud, Dios nos encontrará allí donde echemos el cubo para buscar agua, y nos invitará a ir más profundo, mucho más allá de la satisfacción de una necesidad temporal, al lugar de una relación eterna.

Querer es poder... beber
MARY ALESSI

Fui criada como hija de pastor, y desde hace más de quince años soy pastora también. Como tal he tenido el privilegio de oír muchísimas y asombrosas historias de vida.

Una de las que más me conmovió es la de una amorosa joven de nuestra iglesia, llamada Jennifer. Esta joven había sufrido una gran tragedia a edad muy temprana. Cuando tenía dieciséis años, su madre en un momento de locura había cometido un crimen y, como resultado, estaba sentenciada a pasar entre cinco y ocho años en la penitenciaría estatal. Jennifer entonces quedó a cargo de sus dos hermanos, y no estaba preparada para ello. Sin embargo, no era la típica adolescente de dieciséis años. Se puso a la altura de sus circunstancias y hoy, con veinte años, es una de las jóvenes más adultas que conozco. Jennifer y sus hermanos han florecido en los últimos cuatro años, y esperan con ansias que su madre salga de la cárcel en la próxima Navidad.

Una noche en que mi esposo y yo cenábamos con Jennifer, esta nos contó que necesitaba padres en su vida, que le dieran guía e instrucción, porque sentía que Dios la llamaba a dedicarse al ministerio, pero no sabía qué hacer o dónde comenzar.

Mi esposo de inmediato la alentó:

– Jennifer, este es tu momento. Dios quiere usar tu historia para ministrar a las jóvenes de todas partes. Tienes un firme deseo de servir a Dios y querer es poder... Dios te brindará el camino a seguir.

Cuando mi esposo dijo esto, el Espíritu del Señor se levantó en mí y dijo:

"Dile que querer es poder beber. Solamente tiene que desear pedirme lo que necesita, y yo le daré un pozo lleno de recursos".

Jesús dijo: *"No busco hacer mi propia voluntad sino cumplir la voluntad del que me envió"* (Juan 5:30). Muchos conocemos qué es lo que queremos, aunque distanciado del conocimiento de la voluntad de Dios para nuestras vidas. Si lo queremos Dios de seguro pondrá a nuestra disposición un recurso que nos ayudará a tratar con las emociones de nuestra carne. Nos conoce mejor de lo que nos conocemos nosotros mismos, y no manipulará ni controlará nuestro libre albedrío. Pero si le entregamos nuestra voluntad, nos brindará un pozo lleno de recursos.

La voluntad denota determinación. El pozo denota profundidad. Así que, donde hay determinación para servir a Dios –querer–, hay profundidad –pozo– para que podamos hacerlo bien.

Si quieres pelear, Dios te dará el recurso. Su Palabra dice que no prosperará contra nosotros arma alguna (vea Isaías 54:17).

Si tenemos voluntad de esperar y ser pacientes, Él nos dará el pozo. Su palabra nos llama a permitir que la paciencia obre su perfección (vea Santiago 1:4).

Si queremos más en el área de nuestras finanzas, Él nos lo dará. Su palabra dice que Él da semilla al sembrador (vea 2 Corintios 9:10).

El corazón con voluntad tiene determinación para excavar más profundo y saber que Dios es nuestro recurso y provisión. La voluntad es crucial para Dios, porque refuerza la autenticidad de nuestra adoración, el hecho de que entregamos nuestras vidas sin argumentación, debate o negociación. Cuando buscamos la voluntad del Padre y no la nuestra, adoramos desde nuestro espíritu. Su voluntad no se cumple por lo que nosotros consigamos para Él, sino por quienes somos en Él.

Podemos tener todo lo que queremos, ¡si Él es todo lo que necesitamos!

La mujer junto al pozo dejó su cántaro después de su encuentro con Jesús. La necesidad que la había llevado al pozo ya no tenía importancia cuando se hubo llenado con la revelación de la voluntad de Dios. Todo lo que pudiéramos desear está allí, esperándonos, sin tan solo le entregamos a Dios nuestra voluntad. Cuando recibimos a Jesús como Salvador, por primera vez le entregamos nuestro corazón. Ahora, es tiempo de cavar más profundo.

Prepárate y disponte a permitir que Dios lo tenga todo de ti para que pueda mostrarte todo lo que puede hacer en ti y a través de ti. ¡Busca ir más profundo en Él!

Expresión sagrada

1. Como sucedió con la mujer junto al pozo ¿has tenido un encuentro privado con Dios?
2. ¿A qué pozo de adoración vas con mayor frecuencia: al del tiempo a solas con Dios o al de la reunión en grupo?
3. ¿Qué necesidad o circunstancia te hizo buscar mayor profundidad en Dios?
4. ¿Has estado alguna vez en un desierto, o temporada de esfuerzo que te hiciera sentir mayor necesidad de Dios?
5. ¿En qué áreas de tu vida sufriste de esterilidad?
6. Cuando excavas más profundo para obtener más de Dios ¿encuentras que recibes algo todavía más grande de lo que esperabas?
7. ¿Oíste alguna vez la voz de Dios pidiéndote algo?
8. ¿Qué has hecho para mostrarle a Dios que estás dispuesta a darle todo lo que tienes?

Divino intercambio

Su pedido: que le entreguemos lo temporario
Nuestra recompensa: recibir lo eterno

- Jesús le pidió agua a la mujer.
- El agua que ella le dio satisfaría su necesidad física.
- Jesús le ofreció agua viva.
- Esa agua satisfaría su necesidad espiritual.
- Si estamos dispuestas a llenar a Dios aún sintiéndonos vacías... la adoración nos ofrece el mismo intercambio divino.
- Le damos a Dios lo temporal.
- Recibimos de Dios lo eterno.

Una mujer de adoración en nuestros días
Nicole Binion: "Dispuesta"

Nicole Binion es una de esas cantantes que hacen que toda canción suene como si fuera la primera vez que la oímos. Su versatilidad musical es asombrosa. En un momento canta con voz ronca, suave, y al instante llega al tono más cristalino. Es una cantante única. Sin embargo, lo que asombra verdaderamente en Nicole es su humildad y pureza, como si no supiera de la profundidad de su talento y capacidad. Y también asombra que no sea más conocida. Al oírla cantar, uno piensa: "¡Podría llegar tan alto como se lo propusiera!"

Esto mismo sentía Nicole cuando era niña. Aspiraba a llegar a ser como Barbara Streissand y otras grandes leyendas de la canción. Y estaba bien encaminada hacia ello. Los que la oían cantar en la iglesia cuando tenía doce años, han dicho que aún entonces lograba impactar a las multitudes. Y aunque con los años su voz se hizo más firme, a los doce era la esencia misma de la mujer que sigue siendo hoy. Maduró y el camino de su vida siguió su curso. Nicole vio que la mano de Dios la apartaba de sus sueños de fama.

El giro más dramático en su camino fue cuando supo con quién se casaría. Después de terminar la escuela secundaria se casó con David Binion, un renombrado líder de adoración que también había estado cantando y componiendo desde temprana edad. Cuando se casaron, también unieron sus vidas, ministerios y pasiones. Comenzaron a trabajar juntos, ministrando en los grandes reavivamientos y reuniones de nuestra generación.

Nicole nunca cuestionó ni lamentó su decisión de ir tras el sueño de Dios para ella, en lugar de buscar que se concretara su propio plan de éxitos y fama. Su disposición a entregar su deseo ha causado multiplicación en su pasión, unción y efectividad como ministro de música. En los últimos días David y Nicole han visto que casi no pueden con tanto favor, tantas bendiciones que Dios ha puesto sobre ellos.

La Biblia nos dice que cuando entregamos a Dios nuestra vida como sacrificio, esta sube hacia Él como dulce aroma, y que Él nos recuerda. Con esto en mente, lo más posible es que Dios nos recuerde por todo lo que nosotros le hayamos dado porque queremos hacerlo, y no por todo lo que Él nos dio.

CAPÍTULO 2

Aceptar

*«Para alabanza de su gloriosa gracia, que nos concedió
en su Amado»*

—Efesios 1:6

Cuando Jenna tenía dos años murieron sus padres en un accidente automovilístico. Vivió en tres hogares de adopción hasta que cumplió los cinco años. Y finalmente, justo antes de que empezara el jardín de infantes, la adoptó una buena pareja de cristianos que le hicieron saber cuánto la amaban y lo felices que eran de tenerla como hija.

Sin embargo, Jenna tenía miedo. Cada vez que amaba a alguien la persona desaparecía, y nunca se enteraba de las causas, aunque estaba segura de que tendría algo que ver con el hecho de que era una niña mala. Si pudiera ser buena, realmente buena, quizá esta nueva mamá y este nuevo papá no desaparecerían como los otros.

Cuando eligieron a Jenna como parte del grupo de bailarinas para la obra de teatro escolar, estaba segura de que esta sería la prueba de fuego.

Segura de que si bailaba muy, pero muy bien, sus padres se quedarían con ella. Pero si fracasaba...

Jenna intentó no pensar en lo que pasaría si fallaba. Se esforzó mucho para ser la mejor bailarina en la obra. Practicó y practicó, pero cuanto más cerca estaban de la fecha, más nerviosa estaba y sus movimientos se volvían más rígidos, menos espontáneos. Su maestra le dijo una y otra vez que tenía que relajarse, y ella se esforzaba por lograrlo, pero cuanto más lo buscaba, menos lo conseguía. Para cuando se levantó el telón y Jenna vio entre los asistentes a sus nuevos padres, que la miraban desde la primera fila, supo que no habría esperanzas. Al término de la velada estaría sola otra vez, y tuvo que esforzarse mucho por no llorar mientras bailaba lo mejor posible junto a las demás niñas.

Entonces la obra terminó y el público vitoreó y aplaudió. Jenna se atrevió a mirar a estas dos personas tan especiales para ella, sentadas en primera fila. Vio que se habían puesto de pie, y que gritaban:

– ¡Bravo Jenna! ¡Bravo, Jenna!

Ese fue el momento en que la atónita niñita dejó de contenerse. Dejó que sus lágrimas fluyeran y corrió desde el escenario hacia los brazos de sus padres:

– Estuviste maravillosa, Jenna –le dijeron abrazándola y besándola, dándole muestras de su gran amor–. ¡Estamos muy orgullosos de ti! ¡Lo hiciste tan bien!

Jenna tenía solo cinco años, pero igual sabía que no lo había hecho de maravillas. Para nada. Sin embargo, estas dos personas que se hacía llamar mamá y papá parecían pensar que sí había estado estupenda. En ese momento supo que no desaparecerían como los otros. La amaban, sin condiciones. Ella les pertenecía y eran su familia.

El amor florece en una atmósfera de aceptación, sea entre padres e hijos o entre el rey pastor y su amada.

La adoración comienza a partir del amor

El Cantar de los Cantares (también llamado Cantares del Rey Salomón), es un libro único. Forma parte de *La Biblia* y es una historia descriptiva y muy elaborada sobre un rey pastor –el aman-te– y su amada. Hay muchas opiniones teológicas sobre el tema de este libro en particular, pero una de las más aceptadas es que se trata de una alegoría del amor de Dios por su pueblo.

Lo que más nos sobrecoge e impacta al leer este libro, es el profundo anhelo en esta danza con vaivenes entre dos personas que se aman. Aunque la historia tiene demostraciones explícitas, el centro de la atención en el texto está en los intercambios amorosos en privado, que ocurren dentro y en torno a la celebración en público.

Cuando leo la historia del Cantar de los Cantares, mi impresión personal es la de relacionarlo con mi asistencia a las reuniones públicas de adoración donde sigo sintiendo que mi adoración es algo que Dios celebra y reconoce en privado. Aún en medio de una multitud, Él sabe que estoy presente y oye cada una de mis palabras, cada frase que canto como si la susurrara en sus oídos.

La adoración siempre empieza con la maravilla, cuando expresamos nuestro deleite ante la gratificante, asombrosa naturaleza y bondad de Dios. Es el beso del cielo, el afecto por el Rey a quien anhelamos con tal desesperación. No solo buscamos su presencia, sino también su aceptación, su abrazo.

> *«Ah, si me besaras con los besos de tu boca...*
> *¡grato en verdad es tu amor, más que el vino!*
> *Grata es también, de tus perfumes, la fragancia;*
> *tú mismo eres bálsamo fragante.*
> *¡Con razón te aman las doncellas!*
> *¡Hazme del todo tuya! ¡Date prisa!*
> *¡Llévame, oh rey, a tu alcoba!»*

—Cantares 1:2-4

Cuando estamos arrobados en la adoración esperamos pasar a un lugar más profundo, pronto, antes de perder esa sensación del momento. Pero ¿cuán a menudo permanecemos en presencia de Dios lo suficiente para aceptar su mirada? ¿Nos sentimos cómodos en el lugar de la adoración solo cuando nuestra atención está en Dios?

Nadie más que tú conoce qué pensamientos surgen en tu mente cuando se trata de la adoración. Aunque hay hoy muchas imágenes de lo que representa la adoración, solo hay una definición en la que podrás centrarse, la tuya, porque lo que creas que es la adoración determinará cómo te relacionarás con Dios.

La adoración con las manos elevadas o entregándote de corazón, o bailando con los pies, es un débil retrato cuando lo comparamos con la imagen de todo lo que ha de significar la adoración en nuestras vidas. Porque aunque la adoración incluye las manos elevadas, los corazones entregados y los pies que danzan, y también la expresión verbal, no se restringe ni confina a ninguna de estas cosas por sí misma. En cambio, es más un conjunto de todo esto al mismo tiempo. El "todo" es la esencia de la adoración captada, y no la expresión que elegimos para mostrar en nuestra adoración.

Dicho de manera sencilla, la adoración es enfocar todo lo que soy en todo lo que es Dios. Puede sonar muy fácil, pero este tipo de enfoque requiere que miremos a Dios a los ojos sin bajar la cabeza ni mirar hacia un costado.

"Muéstrame tu rostro"

Volvamos al Cantar de los Cantares donde el rey pastor –el amado– llama a su amada.

> *«Paloma mía, que te escondes en las grietas de las rocas,*
> *en las hendiduras de las montañas, muéstrame tu rostro,*

déjame oír tu voz; pues tu voz es placentera y hermoso tu semblante»

—Cantares 2:14

Muchos de los que aman a Dios entran en su presencia el tiempo suficiente como para expresar su gratitud y experimentar esa sensación placentera, aunque no lo suficiente como para que Dios pueda posar sus ojos en ellos. ¿Cuántos somos los que nos sentimos cómodos adorando, siempre y cuando se refiera todo a Dios? Aunque en el momento en que dirige sus ojos a nosotros, ¡respondemos a la defensiva! Veamos lo pronto que ella –la amada– se vuelve para defender su "oscuridad", aún presentando una buena razón para exponerse al sol.

«No se fijen en mi tez morena, ni en que el sol me bronceó la piel.
Mis hermanos se enfadaron contra mí, y me obligaron a cuidar las viñas; ¡y mi propia viña descuidé!
Cuéntame, amor de mi vida, ¿dónde apacientas tus rebaños?, ¿dónde a la hora de la siesta los haces reposar? ¿Por qué he de andar vagando entre los rebaños de tus amigos?»

—Cantares 1:6-7

La amada no confiaba en que el rey la miraba porque le gustaba lo que veía. En cambio, supuso que la rechazaba. Y, como resultado, respondió partir de la ignorancia.

En ese punto de la historia se consideraba que la piel pálida y blanca era parámetro de belleza; es en nuestra época que se empezó a considerar que la piel bronceada de una mujer es un atributo favorable. En la antigüedad, se consideraba indeseable tener la piel bronceada, porque esto indicaba que la mujer se había expuesto a una vida dura. La piel blanca denotaba una vida de ocio, un origen de alcurnia. Por eso si una mujer tenía la piel bronceada se la reconocía como obrera que tenía que trabajar para poder sobrevivir en un entorno duro y difícil. La amada era una de estas mujeres que, aunque bella, tenía razones para volver con vergüenza su rostro.

Desde la caída de la humanidad nos hemos ocultado, avergonzados, del Dios que nos ama. Desde ese fatídico momento en el Jardín, parece que está en nuestra naturaleza juzgarnos como indignos, imperfectos. ¿Por qué parece que preferimos juzgarnos y rechazarnos en lugar de esperar la respuesta de Dios? Aunque no somos perfectos, ¿quiénes somos para suponer que nuestro Rey no nos encontrará bellos?

Cuando la amada le pregunta al rey no quiere en realidad una respuesta, sino aceptación incondicional, algo que no encontraría entre sus amigos, como vemos cuando le hablan en 1:8:

> *«Si no lo sabes, bella entre las bellas, ve tras la huella del rebaño y apacienta a tus cabritos junto a las moradas de los pastores»*

Como suele suceder entre los amigos que se quieren bien, empiezan a decirle todo lo que podría haber hecho de manera diferente. No tenemos que medir los sentimientos de Dios hacia nosotros, según la aceptación o rechazo que sintamos en nuestras relaciones humanas. Los caminos de Dios no tienen nada que ver con el juicio o criterio de los hombres. Nuestras opiniones debieran provenir de la orden de la Más Suprema Corte, porque solamente los pensamientos y caminos del Rey han de decidir nuestro destino.

"Porque mis pensamientos no son los de ustedes, ni sus caminos son los míos –afirma el Señor–. Mis caminos y mis pensamientos son más altos que los de ustedes; ¡más altos que los cielos sobre la tierra"

—Isaías 55:8-9

Más que solo un hombre

Todas las mujeres anhelamos que nos amen y acepten de manera incondicional y... que nos amen y acepten ¡mucho!

A causa de este profundo anhelo, ser mujer cambia la naturaleza misma de la adoración a un Dios que se revela a sí mismo como Dios Padre.

De niñas, primero buscamos el amor en los ojos de papá, y luego en los brazos de un hombre amado. Sin embargo, en el mejor de los casos estas relaciones son solamente un nublado reflejo del amor que nuestro Rey siente por nosotras.

Cuando las mujeres adoramos a Dios, siempre tenemos conciencia de nuestra condición femenina en relación con nuestro Padre celestial. Esta condición puede ser un impedimento si comparamos a Dios con los hombres de nuestras vidas. Somos hijas, esposas, madres y hermanas de hombres, y cada una de estas relaciones tiene sus propias complicaciones. Así que a medida que van esfumándose nuestros sueños del amor perfecto, quizá nos encontremos respondiendo ante Dios de la misma manera en que lo haríamos ante un hombre de carne y hueso.

Este es un gran error, porque aunque Dios se revela a sí mismo como hombre primariamente en las metáforas masculinas, no es un hombre. Como mujeres tenemos que dejar ir esas reacciones negativas que podríamos tener hacia el lado masculino de Dios, porque la actitud defensiva en última instancia hará que nuestra adoración sea improductiva, estéril.

La naturaleza misma de nuestra condición de mujeres debiera permitirnos ver a Dios como el Amado de nuestras almas. Pero a causa de la vergüenza, muchas veces nuestra naturaleza obra en contra y, como resultado, la identidad de Dios y la nuestra aparecen ante nuestros ojos como algo que no son. Entonces prejuzgamos los límites de la aceptación, basándonos en nuestra sensación de rechazo.

Estoy segura de que los hombres también tendrían problemas con esto, si Dios se presentara primariamente como mujer, porque entonces tendrán que ir más allá de los patrones de sus relaciones con las mujeres para poder ver a Dios sin los impedimentos de los conceptos terrenales de las relaciones humanas.

Si como mujeres nos vemos indignas de entrar en presencia de Dios, jamás podremos vencer y trasponer lo que el enemigo intenta presentar como engaño. *La Palabra de Dios* es la herramienta más reveladora que poseemos para poder tratar de entender el corazón de Dios hacia las mujeres, tal como es en verdad. La mejor forma de hacerlo es usando *La Palabra de Dios* como testimonio del amor, comprensión y compromiso de Dios hacia las mujeres.

Conociendo el odio, los malos tratos y las ataduras que sufrían las mujeres en los tiempos bíblicos, es evidente con toda claridad que la inclusión de historias liberadoras sobre las mujeres en *La Biblia*, ha sido deliberadamente orquestada por Dios. Nuestro amoroso Padre quiso que cada una de estas profundas historias ilustrara su amor hacia las mujeres.

Tendremos paz en presencia de Dios cuando lleguemos a conocer y entender que Dios desea que vengamos ante Él con libertad, sin que nuestros afectos nos inhiban. Su expectativa no es que vengamos ante Él solamente en plenitud, sino con abandono, aceptables con todo lo que somos.

Avanzar confiadamente hacia el Trono
Mary Alessi

Durante sus años en el desierto los hijos de Israel adoraban a Dios en el Tabernáculo. Este tabernáculo portátil tenía un gran patio con dos cámaras interiores –el Lugar Santo y el Lugar Santísimo– que a su vez en su interior contenían lugares para la manifiesta presencia de Dios. La habitación más interna era un lugar pequeño y oscuro donde el Sumo Sacerdote se encontraba con Dios una vez al año, durante el *Yom Kippur*, o Día del Perdón, el día más santo en el calendario judío, para pedir propiciación por los pecados del pueblo.

Mientras los hijos de Israel esperaban ansiosos fuera del Tabernáculo, el Sumo Sacerdote entraba en el Lugar Santísimo con una copa llena de sangre de un animal inocente. Su misión consistía en levantar el velo y entrar al lugar donde se encontraría con Dios. Entonces vertía la sangre sobre el Trono de la Misericordia. Y allí esperaba la respuesta de Dios.

Cuando la sangre y el sacerdote eran aceptados, el Espíritu de Dios brillaba llenando de luz la habitación. No había otra fuente de luz en el Lugar Santísimo, y Dios quería que el sacerdote estuviera envuelto en la más profunda oscuridad, como símbolo de la condición de pecado de la humanidad y de la incapacidad de los seres humanos para salvarse a sí mismos. Solamente el Sumo Sacerdote podía pasar detrás del velo o cortina, y cada año llevaba a cabo el mismo ritual, cubriendo los pecados del pueblo con sangre inocente, postergando así durante un año más el juicio.

Cuando Jesucristo vino a la Tierra, cumplió con todos

los deberes del Sumo Sacerdote de Israel. Murió como cordero inmaculado e inocente, en sacrificio. Vertió su propia sangre, cubriendo nuestro pecado para siempre. Y rasgó en dos el velo –de arriba hacia abajo– para que pudiéramos entrar libremente en su presencia en todo momento.

"Entonces Jesús volvió a gritar con fuerza, y entregó su espíritu. En ese momento la cortina del santuario del templo se rasgó en dos, de arriba abajo. La tierra tembló y se partieron las rocas" (Mateo 27:50-51).

Este gesto simbólico nos muestra el deseo de Dios, de que nada nos impida ver con claridad su presencia. Dios quiere moverse libremente entre nosotros. En ese gran Día del Perdón cuando la sangre del perfecto Cordero de Dios fue derramada por los pecados del mundo, se nos otorgó el perdón. Jesús abrió el camino para nosotros –de una sola vez y para siempre– para que podamos acercarnos confiadamente a su trono.

"Por lo tanto, ya que en Jesús, el Hijo de Dios, tenemos un gran sumo sacerdote que ha atravesado los cielos, aferrémonos a la fe que profesamos. Porque no tenemos un sumo sacerdote incapaz de compadecerse de nuestras debilidades, sino uno que ha sido tentado en todo de la misma manera que nosotros, aunque sin pecado. Así que acerquémonos confiadamente al trono de la gracia para recibir misericordia y hallar la gracia que nos ayude en el momento que más la necesitemos" (Hebreos 4:14-16).

Como mujeres tenemos que encontrar el coraje para vencer todo obstáculo que nos impida adorar auténticamente, identificando y quitando de raíz los motivos de vergüenza. A menos que demos este primer paso, no podremos avanzar hacia una relación real y transparente a través de la adoración.

No podemos rechazar la aceptación del Rey sin apartar la mirada de Él. Por eso, permite que te mire ahora, en este momento. No sientas vergüenza y deja que su rostro ilumine tu oscuridad. No dejes que ninguna cosa te impida recibir el favor de su mirada.

> *«Jehová haga resplandecer su rostro sobre ti, y tenga de ti misericordia»*
> —Números 6:25-26, RVR60

En el Cantar de los Cantares el rey bendice a su amada con verdaderos sentimientos en cuanto a su piel morena. Responde a su vergüenza reafirmando en detalle las características únicas y bellas de su aspecto exterior.

> *«Tú y tus adornos, amada mía, me recuerdan a las yeguas enjaezadas de los carros del faraón. ¡Qué hermosas lucen tus mejillas entre los pendientes! ¡Qué hermoso luce tu cuello entre los collares!(...) ¡Cuán bella eres, amada mía! ¡Cuán bella eres! ¡Tus ojos son dos palomas!»*
> —Cantares 1:9-10, 15

¡Qué típico de Dios, recordarnos lo que siente por nosotras! Así como la amada que había estado expuesta al sol, nosotras a pesar de nuestra exposición a experiencias vergonzantes, no necesitamos explicar ni defender los resultados en nuestras vidas. La vergüenza es resultado de este mundo de pecado, y nuestra exposición a ella ha afectados nuestros sentimientos de aceptación en presencia de Dios.

Las idas y venidas de la vida le son tan obvias a Dios como lo es el bronceado para el amado del Cantar de los Cantares. El Señor sabe qué es lo que nos provoca vergüenza. Quizá hayamos sufrido abusos, pasado por un divorcio o soportado desilusiones, y por eso sentimos vergüenza. El amado del Cantar de los Cantares no podía haber hecho nada por impedir que la piel de su amada se bronceara, así como tampoco nosotras podemos controlar siempre esas cosas que nos hacen sentir ganas de cubrirnos el rostro con las manos. Sin embargo, regodeándonos en la presencia del Señor, ya no necesitamos escondernos.

> *«Radiantes están los que a él acuden; jamás su rostro se cubre de vergüenza»*
> —Salmo 34:5

La adoración crea un ambiente en el que puede revertirse el daño del pecado. Adán y Eva, actuando a partir de la vergüenza que les provocaba su pecado, se ocultaron de la presencia de Dios. Pero si aceptamos el precio que pagó Jesús al morir en la cruz, nuestro pecado ya no será problema. Somos libres de buscar una relación con Dios y debemos hacerlo activamente, porque solamente su presencia podrá deshacer la vergüenza en nuestras vidas. Aunque es comprensible que la sintamos, no es una respuesta aceptable ni honrosa a Aquel que tan claramente nos ama y acepta. Es nuestro deber dejar de lado la visión imperfecta que tenemos de nosotras mismas, y abrazar la opinión de nuestro Rey.

> *«El rey está cautivado por tu hermosura; él es tu señor: inclínate ante él»*
> —Salmo 45:11

Dios nos ofrece completa seguridad

Después de que la amada recibe reafirmación del amor de su amado, vuelve a alabarlo y él responde describiendo la seguridad del hogar que le ofrece.

> *«Los cedros son las vigas de la casa y nos cubre un techo de cipreses»*
>
> —Cantares 1:17

Puede parecer extraño que él mencione la estructura de la casa como respuesta a la admiración de su amada. Pero si se trata de una mujer que piensa en el matrimonio, es importante sentir que se entra en un lugar donde hay seguridad, que el novio ha preparado algo especial para que se firme el pacto del matrimonio. Él tiene que mostrarse dispuesto a ser el proveedor. Los mejores candidatos, por cierto tendrán empleo, un auto, una casa y —mejor aún— no tendrán deudas. En los tiempos bíblicos, el novio pasaba un año entero construyendo la casa donde vivirían él y su prometida. Este refugio representaba su sacrificio y voluntad de proveer un lugar donde se estableciera su relación.

Lo mismo sucede con Dios. Él el nuestro Proveedor celestial, el Esposo perfecto que a todos nos ha preparado un lugar.

> *«Sólo en Dios halla descanso mi alma; de él viene mi esperanza. Sólo él es mi roca y mi salvación; él es mi protector y no habré de caer. Dios es mi salvación y mi gloria; es la roca que me fortalece; ¡mi refugio está en Dios! Confía siempre en él, pueblo mío; ábrele tu corazón cuando estés ante él. ¡Dios es nuestro refugio!»*
>
> —Salmo 62:5-8

Dios es una roca, un refugio, el abrigo, y ya ha pagado un alto precio por preparar un lugar donde podamos vivir con Él para siempre.

Hay una recompensa que espera al pueblo de Dios, pero tenemos que estar dispuestos a aceptarla. La adoración abre la puerta que nos permite recibir esa recompensa, y la gracia nos atrae hacia donde habita Él.

> *«Así que nosotros, que estamos recibiendo un reino in-conmovible, seamos agradecidos. Inspirados por esta gra-titud, adoremos a Dios como a él le agrada, con temor reverente, porque nuestro 'Dios es fuego consumidor»*
> —Hebreos 12:28-29

Con todo amor nos ha construido un hogar permanente para nuestros corazones, hecho con las vigas de una cruz y pintado con la sangre de su gran sacrificio.

> *«¡Cuán hermosas son tus moradas, Señor Todopoderoso! An-helo con el alma los atrios del Señor; casi agonizo por estar en ellos. Con el corazón, con todo el cuerpo, canto alegre al Dios de la vida. Señor Todopoderoso, rey mío y Dios mío, aun el gorrión halla casa cerca de tus altares; también la go-londrina hace allí su nido, para poner sus polluelos. Dichoso el que habita en tu templo, pues siempre te está alabando»*
> —Salmo 84:1-4

Después de todo lo que ha hecho Dios por traernos a un lugar de comunión con Él, ¿cómo podemos siquiera imaginar que no seríamos bienvenidos allí?

Siempre soy bienvenida
Mary Alessi

Sentir que uno no es bienvenido es una de las experiencias más feas por las que podamos pasar los seres humanos. Es casi insoportable entrar en un ambiente que parece indiferente ante nuestra presencia, y todavía peor es ser completamente ignorado o rechazado. Hay personas que sienten esto cuando entrar en el ambiente de la iglesia. Aún antes de llegar ya tienen el preconcepto de que no son dignas de estar allí, que no son todo lo "espirituales" que tienen que ser, o que han hecho cosas tan terribles que Dios no podría perdonarlas de ninguna manera.

Esta realidad ofrece la respuesta a una pregunta que muchas veces me he formulado: ¿por qué es que tanta gente no puede sobreponerse a sí misma y entrar en verdadera adoración? No es que tengan miedo de cantar, o que prefieran cierto tipo de música en particular. El problema es que no se sienten bienvenidos a entrar en presencia de Dios. Les falta el entendimiento de lo profundo y grande que es el amor de Dios hacia ellos. Les resulta difícil estar en presencia de Aquel contra quien han pecado, y quieren correr para ocultarse de Él, aún habiendo sido perdonados.

Muchas veces a lo largo de los años he percibido que Dios se acerca, toma el rostro de alguien en sus manos y mirándolo a los ojos dice: "Hijo mío, hija mía, mírame. Todo está bien. Te amo". Lamentablemente, muchos no responden a esta amorosa invitación porque no pueden convencerse de que son bienvenidos.

En la iglesia nuestra, usamos una palabra para esta

sensación. En lugar de decir que no nos sentimos "bien-venidos", decimos que no nos sentimos "dignos".

Esta descripción no me parece la más adecuada, por-que hay muchos que no entienden del todo la palabra "digno". Los creyentes a veces tampoco entienden que son "dignos" gracias a Jesús, a su sacrificio por nosotros.

Además de este sentimiento, también puede haber miedo, como fortaleza que impide a los creyentes acercar-se confiadamente a Dios. Se sienten inseguros de lo que hay del otro lado de la presencia de Dios, y por eso no avanzan, sin entregarse del todo a Dios. Lo que para otros es un obstáculo es el rechazo que hace que se retiren de toda posición de vulnerabilidad, porque temen volver a ser rechazados.

David nos recuerda en el Salmo 71:3 que Dios siem-pre es una fortaleza de seguridad a la que podemos acudir: *"Sé tú mi roca de refugio adonde pueda yo siempre acudir"*.

Aquí vemos a David que huye por su vida, para ocul-tarse de alguien a quien amaba mucho, el rey Saúl. Jona-tán, hijo de Saúl, a quien David amaba como a un herma-no, ya no estaba en la vida de David, y este ahora estaba solo y sufría a causa del terrible rechazo. Pero sabía aún así que Dios jamás lo había rechazado.

Es posible que en tu vida haya alguien que esté pa-sando por algo similar. O quizá tú misma lo estés vi-viendo. Habrás sufrido decepción y ahora te sientes sola, rechazada, exhausta ante las dificultades de la vida. Pro-bablemente la vida no sea como la planeaste, y vives las consecuencias de las decisiones de otras personas. Si es así, recuerda entonces las palabras de David: *"Sé tú mi roca de refugio adonde pueda yo siempre acudir"*. Corre al abrazo de Dios, con la seguridad de que eres bienvenida allí. Dios nunca te rechazará ni te cerrará las puertas. Porque su amor es paciente e incondicional.

Romanos 8:1 dice: *"Ya no hay **ninguna** condenación para los que están unidos a Cristo Jesús"* (énfasis añadido). Si es verdad esta declaración, y sí lo es, entonces tenemos que dejar atrás la vergüenza que nos impide avanzar hacia el trono de Dios. La verdad del amor de Dios es difícil de recibir si nos aferramos a la mentira de que no seremos bienvenidos. Cuando vemos el perdón y la restauración como una gran fiesta a la que no se nos invitó, diremos cosas como: "Yo no puedo. He hecho mucho mal en mi vida", o "Si cuento lo que me sucedió la gente va a tratarme de manera diferente". ¡Tenemos que rechazar la mentira y recibir la invitación a la celebración! Dios quiere que estemos con Él, ¡completamente restaurados y libres!

Dios siempre te dará la bienvenida, así que entra y toma el lugar que te corresponde.

Expresión sagrada

1. ¿Qué instancias en tu vida te ayudan a relacionarte con lo que sentía Jenna a los cinco años, al intentar adaptarse a una nueva aunque aparentemente tenue relación en su vida?

2. ¿Qué hay en la naturaleza de Dios que hace surgir la maravilla en tu adoración?

3. Piensa en los momentos de adoración personal en que sentiste maravilla ante Dios, y en los momentos en que no la sentiste. ¿Cuáles podrían ser las razones de tal disparidad en tus sentimientos durante la adoración?

4. ¿Cómo debieras responder cuando los ojos del Rey se posan en ti?

5. ¿Alguna vez le ocultaste tu rostro a Dios? ¿Por qué?

6. ¿Cómo puedes impedir que la vergüenza te robe el abrazo de amor que Dios tiene para ti?

7. Describe momentos y situaciones en que sentiste que no eras bienvenida.

8. ¿De qué modo te ministró Dios, personalmente, en esos momentos?

Divino intercambio

Su pedido: que lo aceptes.

Nuestra recompensa: ser aceptadas.

- Cuando eliges rechazarte a ti misma a causa de la vergüenza, estás priorizando tu opinión por sobre la de tu Dios Creador.
- La amada del Cantar de los Cantares suponía que el rey la miraba fijamente porque juzgaba su tez morena.
- Ella respondió a la defensiva a causa de la vergüenza que le provocaba el haber estado expuesta.
- El rey describió su belleza y la aceptó, a pesar de la opinión de otros.
- El rey le ofreció seguridad a su amada.
- El Rey de reyes murió para brindarnos amor incondicional, aceptación y seguridad.
- Él fue quien invirtió.
- Nosotros hemos de aceptarlo.

Una mujer de adoración en nuestros días
Da'dra Crawford-Greathouse: "Aceptable"

Si alguien le preguntara a Da'dra cómo llegó a ser "ungida", ella admitiría que se trata de algo que la asombra, que jamás esperó este camino que Dios eligió para su vida. Aunque ahora ella es la mitad del grupo conocido como Ungidos, con su hermano Steven, que es la otra mitad, jamás habrían soñado que un día estarían cantando frente a miles de personas.

De hecho, cuando Da'dra era niña no había tiempo para soñar. Ya le resultaba difícil estar frente a su padre y practicar con su hermano todos los viernes por la noche. Durante más de cuatro horas cada vez, Da'dra y su hermano aprendían, cantaban y ensayaban, intentando cumplir con las expectativas de perfección de su padre.

El sueño de Da'dra era cantar a la perfección, pero no para estar frente a una multitud que la aplaudiera. Cantaba con todo su corazón, con la débil esperanza de recibir la aprobación de su padre. Es que este tenía parámetros musicales elevados para sus hijos, para Da'dra en particular, pero por mucho que se esforzara parecía que la niña jamás lograba cantar como él quería. Cuando la pequeña no llegaba a los altos estándares que se le imponían, su padre se enojaba muchísimo, al punto de tirar al suelo el micrófono y gritar palabras de desaprobación. Su madre intervenía y su hermano quedaba asustado ante esta demostración abusiva en contra de Da'dra.

Sin embargo, no era en su rendimiento como cantante que Da'dra anhelaba la aceptación incondicional solamente. Su peso también era un punto de continua contienda con su papá. Como todas las niñas, quería sentirse bella y ser amada y protegida como hija preciosa a los ojos de su padre. Pero este quería también la perfección física. Cuanto más intentaba la niña agradarle, tanto más fracasada se sentía... y, además, se percibía como fea.

El enemigo obraba en todo esto, intentaba tenderle una trampa para ella, creándole una identidad de minusvalía. La mentira que le susurraba al oído era algo así como: "Si no puedes valer nada cantando, no tienes talento. Y si no vales nada por tu aspecto físico, tampoco eres digna de ser amada. No llegas al punto de belleza que te haga digna de protección".

Como refuerzo de esta sucia mentira el enemigo pergeñó un plan esperando que Da'dra creyera de veras que no valía nada en absoluto. Una tarde, cuando tenía más o menos quince años, estaba esperando que su madre volviera del trabajo. Acababa de regresar de la escuela y se le había indicado estrictamente que no permitiera la entrada a nadie. Siempre había obedecido, y esta regla la hacía sentir a salvo. Ese día en particular, sin embargo, un joven a quien conocía desde su infancia golpeó a la puerta y le pidió que afilara sus lápices. No era un pedido extraño, porque todos sabían que el padre de Da'dra había instalado un sacapuntas industrial en el sótano. Cuando los vecinos y amigos querían afilar sus lápices, siempre venían a golpear la puerta en casa de Da'dra.

La niña tomó los lápices y le dijo al muchacho que esperara afuera. Cerró la puerta y bajó las escaleras para afilar los lápices. Nunca pensó en cerrar la puerta echando llave, porque conocía al joven desde hacía muchos años. Al subir después de usar el sacapuntas, encontró que el muchacho bajaba las escaleras hacia el sótano. El joven la tiró al piso, le golpeó la cara e intentó violarla. Da'dra no podía creerlo, pero el dolor que sentía en la boca a causa del puñetazo la convenció de que esto sucedía en verdad. De alguna manera logró escabullirse y corrió escaleras arriba, donde el joven volvió a atraparla para volver a intentar salirse con la suya.

Da'dra recuerda haber pedido ayuda a Dios, rogando que le diera fuerzas para poder librarse. En respuesta sintió que surgía una poderosa fuerza en su interior, y con un empujón apartó al joven de sí. El muchacho se golpeó la cabeza contra la mesa. Temiendo por su vida la niña corrió a la cocina y tomó el cuchillo más grande que encontró, volviéndose hacia el joven, que ya estaba acercándose otra vez. En ese momento Da'dra habló defendiéndose, y sus palabras hirieron al muchacho como no podía hacerlo el cuchillo. El atacante huyó de la casa y de la vida de Da'dra, y nunca más supo de él.

Este suceso, y el mensaje de minusvalía que le transmitía la actitud de su padre, hizo que Da'dra buscara un lugar de completa aceptación. Empezó a cantar en privado durante la adoración, y a leer *La Biblia* con regularidad como medio de escape de la vida cotidiana. Siguió creando su propia atmósfera de adoración y relación con Dios, y así surgió un nuevo mensaje. Era como si al cantar, orar y leer *La Biblia*, se acallara esa voz de rechazo e indignidad, en tanto en sus oídos se elevaba otra voz de amor y aceptación incondicional.

Aunque esta transformación no ocurrió de la noche a la mañana, sí sucedió. Y al dejar atrás las mentiras del enemigo Da'dra fue libre para abrazar la opinión del Rey. Con el tiempo encontró su verdadera identidad en presencia del Altísimo Dios, y así restauró su confianza.

CAPÍTULO 3

Ser vulnerable

*«Yo sé que tú amas la verdad en lo íntimo; en lo secreto
me has enseñado sabiduría»*

—Salmo 51:6

Sarah había estado enamorada de Ethan desde que tenía uso de memoria. Pero también desde entonces, sabía que era un amor imposible. Ethan estaba fuera de su alcance. Él podía tener a la mujer que quisiera, y no había oportunidad alguna de que eligiera a Sarah. Por eso, ella nunca dijo nada.

No dijo nada siquiera cuando Ethan comenzó a salir con Lynn, la hermana de Sarah. Ambas compartían un apartamento y aún cuando Sarah sabía que a Lynn no le importaba Ethan tanto como a ella, y cuando la unidad de la Guardia Nacional de la que formaba parte él fue convocada a partir hacia Irak, Sarah calló.

Con lágrimas veía cómo su hermana leía las cartas de Ethan muy a la ligera, para dejarlas sin cuidado sobre la mesa antes de salir a reunirse con amigos. No fue sino hasta que Ethan volvió sin anunciarse, porque estaba de licencia, que Sarah, a solas en su casa porque Lynn no estaba, supo que debía hablar.

Con voz tenue y llena de dudas, le preguntó a Ethan si quería dar un paseo por el parque con ella. Él aceptó y mientras caminaban Sarah le dijo que Lynn no había salido con un grupo de amigos, sino con su nuevo novio. Todos en el pueblo lo sabían y Sarah pensaba que sería más fácil para Ethan oírlo de su parte y no de alguien más, o peor aún, por ver a Lynn con su actual novio.

Ethan recibió la noticia mucho mejor de lo que Sarah esperaba. De hecho, le dijo que hacía tiempo sospechaba que Lynn tenía a alguien más, pero que cada vez que le había preguntado ella cambiaba el tema de la conversación.

Y entonces dijo algo que a Sarah la dejó sin palabras. Dijo que aunque le gustaba Lynn y había disfrutado de su compañía, en realidad desde el principio se había sentido atraído hacia Sarah. Pero que como ella se mostraba tan callada y reservada, jamás se había atrevido a invitarla a salir.

Imagina la sorpresa de ambos cuando descubrieron que desde hacía tanto tiempo el sentimiento era mutuo, además de que tanto el uno como el otro se habían negado a ser vulnerables y arriesgarse al rechazo.

Su temor ante la vulnerabilidad casi había saboteado lo que resultó ser luego un matrimonio muy feliz y exitoso.

El miedo a la vulnerabilidad es más común de lo que suponemos, y ese miedo ha saboteado, impedido o destruido una incontable cantidad de relaciones en todas las épocas, sencillamente porque no estamos dispuestos a ser vulnerables y a reconocer la verdad de nuestras vidas.

Cuando Jesús habló con la mujer junto al pozo, llegó un momento de la conversación en que esta tuvo que reconocer la verdad de su vida.

«*Ve a llamar a tu esposo, y vuelve acá —le dijo Jesús.*
No tengo esposo —respondió la mujer.
Bien has dicho que no tienes esposo. Es cierto que has

*tenido cinco, y el que ahora tienes no es tu esposo. En esto
has dicho la verdad»*

—Juan 4:16-18

Jesús reconocía que la mujer no le había mentido sobre su situación, aunque no dijo toda la verdad. De la misma forma en que Dios nos pide que vayamos más profundo y reconozcamos el "taparrabos" o la cubierta que formamos para escondernos, Jesús enfocó la mirada en lo que la mujer del pozo le ocultaba. Es obvio que ya sabía todo acerca de esta mujer, así que ¿por qué le preguntaría sobre su vida? Si Dios ya conoce todos nuestros secretos, como sucede en verdad, ¿por qué es importante que reconozcamos las cosas ocultas?

Es por nuestra propia protección, y no para vergüenza, que Dios pone a prueba nuestra capacidad de verdad. Quiere que vivamos en libertad, revelándonos a través de la vulnerabilidad para desarmar a nuestro enemigo.

Tenemos un enemigo que utiliza nuestros secretos como arma en contra de nosotros, que quiere que creamos que tenemos que mantener escondidas ciertas partes de nuestra vida. Y si permitimos que nos convenza de que no podemos confiar en Dios la revelación de lo que somos en verdad, entonces nuestro enemigo ya tiene la llave hacia nuestro lugar secreto. Y quien tiene la llave también tiene la autoridad.

Si permitimos que haya lugares ocultos para que el enemigo los habite, entonces en esencia, tenemos mayor intimidad con este que con nuestro Señor. Esto le da a Satanás poder para destruirnos desde adentro hacia fuera. Si no podemos reconocer la existencia de tal lugar, buscándolo en nuestro Salvador, presentándoselo y siendo vulnerables ante Él, entonces no estamos probando nuestra voluntad de entregarnos a Él con todo el corazón.

En el lugar de la verdad

Después de que Jesús hablara con la mujer sobre su vida privada, ella percibió que Él era un profeta, por lo que pronto cambió el tema de la verdad a la adoración. La mujer le dijo:

> *«Señor, me doy cuenta de que tú eres profeta. Nuestros antepasados adoraron en este monte, pero ustedes los judíos dicen que el lugar donde debemos adorar está en Jerusalén»*
>
> —Juan 4:19-20

Bendito sea su corazón. La mujer no tenía idea de que estos dos elementos están íntimamente relacionados. Jesús le explicó en ese momento, y ahora a nosotros, que la adoración es un lugar de verdad.

> *«Créeme, mujer, que se acerca la hora en que ni en este monte ni en Jerusalén adorarán ustedes al Padre. Ahora ustedes adoran lo que no conocen; nosotros adoramos lo que conocemos, porque la salvación proviene de los judíos. Pero se acerca la hora, y ha llegado ya, en que los verdaderos adoradores rendirán culto al Padre en espíritu y en verdad, porque así quiere el Padre que sean los que le adoren. Dios es espíritu, y quienes lo adoran deben hacerlo en espíritu y en verdad»*
>
> —Juan 4:21-24

La mujer evidentemente conocía la historia y metodología de la adoración, pero Jesús dejó en claro que pronto esas cosas no tendrían importancia para la verdadera adoración o para los adoradores verdaderos. También le reveló la importancia de la ubicación espiritual donde judíos y samaritanos estarían unidos un día en adoración. Como Dios es Espíritu, no se ve limitado por los lugares de reunión de los hombres. Dios emite una invitación abierta a todo quien lo busque en espíritu y en verdad. Jesús le dio a la mujer instrucciones para ir a este lugar de adoración que antes, en su entorno natural, ella jamás podría haber alcanzado. Hay un lugar donde adorar, explicó Jesús, pero no aparece en ningún mapa. El lugar de espíritu y verdad solamente se encuentra en la geografía del corazón.

La verdad muchas veces resulta difícil de encontrar.

Cuando todo en nuestra naturaleza nos dice que tenemos que protegernos y elevar muros alrededor de nuestros corazones, es posible que nos resistamos a seguir las indicaciones hacia el lugar de adoración, si esto significa que tenemos que permitir que la verdad sea quien nos lleve hasta allí. Como vimos en la historia de la mujer junto al pozo, para pasar tiempo con Jesús hace falta la verdad, sea que provenga de la confrontación o de la vulnerabilidad. Aunque Dios requiere de la verdad en la adoración, no nos obliga a ser vulnerables ante Él. La vulnerabilidad es una forma extendida de la verdad. Es una iniciativa generosa, auténtica hacia la intimidad, una obertura inconfundible.

Al iniciar una búsqueda por la apertura total en nuestra relación con Dios, cuando lo que más anhelamos es que Dios nos conozca íntimamente, estamos entonces en un punto de inflexión en este camino hacia la adoración. Si queremos experimentar más de Dios tenemos primero que estar dispuestos a revelar más de nosotros mismos.

No es extraño conocer la identidad de alguien famoso. La gente siente obsesión por leer sobre lo que pasa en las vidas de los famosos, y luego de contarlo y esparcir rumores jugosos. Si fuera yo una de las que "conocen" de esta manera a algún famoso, en realidad sería solo una entre millones de personas que conocen los detalles íntimos de la vida de tal persona. Pero aunque supiera muchísimo, fuera real o inventado, esto no me acercaría a ellos.

Lo que sí cambia la naturaleza de la relación, es si esta persona famosa puede conocerme, a mí. El poder de la intimidad no reside en mi conocimiento de ellos, sino en el conocimiento recíproco entre ambos.

Lo mismo vale para nuestra relación con Dios. Millones de personas afirman conocer su naturaleza. Lo llaman por su nombre y hablan de sus caminos. Sin embargo, si queremos de veras una relación íntima con Dios, tenemos que buscarlo y darnos a conocer ante Él.

La adoración restaura la intimidad
Mary Alessi

Nací en el seno de una familia que amaba a Dios y vivía su fe todos los días. Mis padres eran evangelistas, y nuestra vida tenía que ver con los caminos. Mis hermanas y yo cantábamos junto a nuestros padres, y tuvimos el privilegio desde temprana edad, de viajar por todo el país, cantando. ¡Qué vida excitante para nosotras! Me encantaba liderar a la gente hacia la presencia de Dios por medio de la música. Cuando tenía nueve años, ya sabía que mi vocación, mi llamado, era hacia un ministerio musical.

También sabía un secreto terrible que solamente conocíamos las niñas en mi familia. A través de un pariente cercano, el enemigo nos estaba robando algo invalorable: nuestra inocencia. Cuando teníamos entre 8 y 13 años, este pariente comenzó a abusar de nosotras y también de nuestras primas. Aunque a veces lograba hacerlo, en otras ocasiones sus intentos se veían frustrados. Mis hermanas y yo no lo veíamos demasiado seguido, pero aún así, guardábamos este horrible secreto de familia.

Ahora, ya adulta, me costaría recordar todo lo feo que sucedió durante mi infancia, porque Dios ha sanado y restaurado de verdad mi corazón y mi mente. Sé ahora qué es lo que buscaba el enemigo: obraba para apoderarse de nosotras a través del abuso. ¡Quería nuestra intimidad! Porque verás, hace falta capacidad para tener intimidad, para sentirte cómoda en la intimidad, para poder ir más allá, más profundo con la otra persona. Y mucho más entonces, cuando se trata de la intimidad con Dios Todopoderoso. El diablo sí que tiene que haberse esforzado por robarnos, pero Dios ya había ganado la batalla. Lo que Satanás hacía con el fin de destruir y lastimar, Dios lo redimió para bien. De ese período de mi vida surgió tanta revelación que no puedo siquiera contar todo lo que Dios hizo con ello. Soy testimonio vivo del poder sanador de Dios.

Si entras en la presencia de Dios sin retener ni ocultar nada, Dios lo hará todo por redimirte y darte plenitud. Cuando estás dispuesta a entrar en intimidad con Dios, le estás dando permiso para que sane las heridas privadas y secretas de tu corazón. ¡Y después de la restauración privada, viene la proclamación pública de su poder y majestad!

¿Han visto a mi amado?

Volviendo a nuestra historia del rey pastor y su amada, en el capítulo 3 del Cantar de los Cantares vemos que la joven está buscando a su amado.

«Por las noches, sobre mi lecho,
busco al amor de mi vida;
lo busco y no lo hallo»
—Cantares 3:1

La amada anhela la presencia de su amado en un lugar donde nunca antes estuvo con él. Demuestra deseos de algo que nunca antes experimentó. Y en un momento de oscuridad e inconvenientes, dejó su lugar de comodidad para ir a buscarlo.

También nosotros en nuestras horas más oscuras anhelamos una cercanía e intimidad con Dios, aunque nunca antes la hayamos tenido. La única solución es levantarse y buscarlo con persistencia.

«Me levanto, y voy por la ciudad,
por sus calles y mercados,
buscando al amor de mi vida.
¡Lo busco y no lo hallo!
Me encuentran los centinelas
mientras rondan la ciudad.
Les pregunto:
'¿Han visto ustedes al amor de mi vida?'
No bien los he dejado,
cuando encuentro al amor de mi vida.
Lo abrazo y, sin soltarlo,
lo llevo a la casa de mi madre,
a la alcoba donde ella me concibió»
—Cantares 3:2-4

Buscó a su amado con la intención de hacerse vulnerable ante él. Y cuando lo encontró, no dejó de aferrarlo hasta llevarlo *"a la casa de mi madre... [que] me concibió"*. El único propósito para incluir este detalle es el de mostrar un hecho importante. El relato bien podría haber dicho "para llevarlo a casa de mi madre", pero la alcoba donde su madre la concibió tenía que ser un lugar muy íntimo, así que las palabras fueron elegidas deliberadamente. No es esta una sala donde se recibe a las visitas, a los extraños. Además, la amada no solo describe la alcoba como lugar de "concepción", sino que lo presenta como el lugar de su origen, en su casa, donde su madre y su padre la concibieron.

Es obvio lo que quiere decirnos con el uso de palabras descriptivas: al revelarle esto a él, simbólicamente le habrá revelado su vida, demostrando que nada le ocultaba. Le daría acceso al pleno conocimiento de su persona, desde el momento mismo en que comenzara su existencia; por lo tanto, dándole a conocer todo el resto de su vida.

Abro mi corazón

Ahora veamos cómo reacciona el amado ante todo esto:

«Jardín cerrado eres tú,
hermana y novia mía;
¡jardín cerrado, sellado manantial!»
—Cantares 4:12

Después de que el amado ha visto todo lo que había detrás del "candado", describe lo que ama en esta joven, en términos que transmiten intimidad. Aunque ella todavía no se le ha entregado físicamente, sí ha abierto la puerta a la intimidad revelándole todo lo que tiene para dar a conocer. Una vez vivido este íntimo encuentro con su amado, la muchacha ya está apartada para él. Aún en un sitio público, ambos intercambian miradas de intimidad a causa de lo que ya compartieron. Esta experiencia privada se traduce en demostración de afecto aún en público.

Lo mismo vale para nosotros: cuando hemos llevado al Rey al lugar secreto de nuestros corazones tenemos razones para celebrar en público su amor y aceptación hacia nosotros. Porque una vez que nos encontramos con Dios, el Amado de nuestra alma, ya no podemos permanecer inconmovibles o indiferentes a su presencia, ni en público ni en privado.

Sobre el tema de la adoración hay una cita de mi padre: "Si tu adoración no te conmueve, lo más probable es que tampoco conmueva a Dios". Basándonos en la necesidad de una relación recíproca durante la adoración parece que la respuesta de Dios se verá limitada por cuál sea nuestra respuesta a Él. Dios no puede aceptar lo que no se le ha dado.

La adoración es como una danza con el Compañero más perfecto. Él da un paso hacia mí, y yo doy un paso hacia Él. Vamos y venimos, dando y recibiendo, con muchos intercambios que marcan el ritmo de la relación. No sentimos miedo a traspasar los límites en esta relación porque Dios responde a todo esfuerzo que hagamos por ponernos en sintonía con los latidos de su corazón. Nuestras iniciativas no son acciones al azar, sino formas de revelarnos, de mostrarle lo íntimo de nosotros a medida que nos acercamos más a Él.

Prepararse para la intimidad

En nuestra historia, después de que la amada ha tomado la iniciativa de buscar a su amado, le toca ahora a ella ser buscada. En el texto que sigue, ella describe lo que oye y siente en respuesta a la llegada de su amor a la puerta.

«*Yo dormía, pero mi corazón velaba.*
¡Y oí una voz!
¡Mi amado estaba a la puerta!
'Hermana, amada mía;
preciosa paloma mía,
¡déjame entrar!
Mi cabeza está empapada de rocío;
la humedad de la noche corre por mi pelo.'
Ya me he quitado la ropa;
¡cómo volver a vestirme!
Ya me he lavado los pies;
¡cómo ensuciarlos de nuevo!
Mi amado pasó la mano
por la abertura del cerrojo;
¡se estremecieron mis entrañas al sentirlo!
Me levanté y le abrí a mi amado;
¡gotas de mirra corrían por mis manos!
¡Se deslizaban entre mis dedos
y caían sobre la aldaba!
Le abrí a mi amado,
pero ya no estaba allí.
Se había marchado,
y tras su voz se fue mi alma.
Lo busqué, y no lo hallé.
Lo llamé, y no me respondió.»
—Cantares 5:2-6

¡Qué desilusión! Se había preparado y, sin embargo, él ya no estaba. Y qué triste para él, haberla buscado sin ser bienvenido. Así que ¿qué podemos aprender de tan desafortunada situación?

El texto describe dos motivos para la tardanza de la amada en abrir la puerta. Primero, que estaba cansada. Dormía cuando él llamó a la puerta. Según los versículos anteriores, ella se había preparado como una novia lo hace cuando espera al novio. Se había vestido con las mejores ropas y usó su más rico perfume... pero se quedó dormida. Con tanta preparación sabemos que tiene que haber deseado verse perfecta para cuando él llegara y, sin embargo, su corazón ansioso se vio vencido por el cansancio.

Aunque su corazón quería correr hacia él, su carne no vio la urgencia, y el cansancio hizo que fuera susceptible a la voluntad de la carne. Había invertido toda su energía en embellecerse, en oler bien por fuera, pero no había preparado su corazón para responder cuando llegara el momento. No estaba preparada para la inevitable batalla entre su espíritu y su carne. Y, como resultado, su carne le impidió avanzar, aunque su espíritu deseara responder.

Jesús señaló este problema universal de manera muy clara en Mateo 26:41, cuando advirtió:

> *«Estén alerta y oren para que no caigan en tentación.*
> *El espíritu está dispuesto, pero el cuerpo es débil»*

Toda la preparación que tanto cansó a la amada, había estado medida según la urgencia del momento, sin dejar nada de energía para el momento de la llegada del novio. Aparentemente olvidó que el propósito de esta preparación era para complacerlo a él, y no a sí misma. Quizá, si hubiera pensado más en la relación más allá del cortejo, habría guardado algo de energía para después.

De hecho, la preparación exterior de la amada es el segundo obstáculo para el encuentro de la intimidad. Cuando vio lo que había hecho corrió a la puerta, pero como tenía los dedos húmedos con aceite, no pudo abrir la puerta enseguida. Parece que exageró un poco con los preparativos. Si sus dedos estaban aceitosos, esto indica que se había perfumado en exceso, digamos.

La respuesta tardía al llamado de su amado le costó en última instancia el tan anhelado encuentro íntimo. ¿Cuales fueron los verdaderos motivos por los que perdió esta oportunidad? ¿Fue solo porque estaba cansada, con dedos resbaladizos por el aceite? ¿O hay una conexión importante entre estos dos factores que nos dice dónde comenzó el verdadero camino hacia la desilusión?

Mi opinión es que el cansancio y los dedos resbalosos obedecen a la misma razón. Había pasado todo su tiempo y dedicado toda su atención a prepararse por fuera, pero ignoró por completo la necesidad de cultivar y preparar la respuesta interna de su espíritu.

La preparación de su aspecto no interfirió con la carne, porque el proceso le agradaba, aumentando su autoestima. Pero la preparación del interior para la intimidad es una historia totalmente diferente. No es tan simple porque no nos hace sentir tan bien, tan calmas como sucede cuando prodigamos atención a nuestros cuerpos.

¿Qué podría haber hecho ella entonces para preparar su corazón antes del encuentro?

Hay evidencia de que el interior se ha preparado si hay sobreabundancia de voluntad para soportar el inconveniente de la remota posibilidad de expresar la esencia del amor en sacrificio. El aceite, símbolo del sacrificio, se aplica por fuera para preparar el exterior. Pero la esencia verdadera del amor en sacrificio tiene que expresarse por dentro para que la belleza exterior adquiera sentido. En el caso de la amada, cuando llegó la hora de expresar el amor en sacrificio y salir de la zona de comodidad, no pudo tomar la decisión correcta. Le gustó prepararse, claro, pero siempre y cuando se tratara de prodigarse atención a sí misma. Dudó, sin embargo, cuando tuvo que elegir entre su amado y su propia comodidad.

Él estaba a la puerta, claramente dispuesto a soportar la humedad de la noche por encontrarse con ella. Sin embargo, encontró duda en lugar de anticipación. Fue esta duda lo que restó sentido a todos sus preparativos. Para cuando por fin abrió la puerta, el amado a quien quería ver ya no estaba. Había elegido los símbolos del sacrificio por sobre la esencia auténtica de la total vulnerabilidad.

¿Cuántas veces nos hemos untado con el aceite de la unción pensando todo el tiempo que era para gratificarnos, cuando en realidad, se supone que lo apliquemos para agradarle a Él? ¿Es que no entendimos cuál es el propósito de la unción en nuestras vidas? ¿Dónde preferiría Dios que nos preparáramos?

Estoy segura de que el amado habría preferido encontrar a su amada lista, esperándolo, disponible. Pero no fue así. Y aunque ya había estado junto a su puerta, él no tenía la llave.

> *«Mira que estoy a la puerta y llamo. Si alguno oye mi voz*
> *y abre la puerta, entraré, y cenaré con él, y él conmigo»*
> —Apocalipsis 3:20

Eventualmente, la amada sí encontró a su amado en la noche. Pero tuvo que salir a buscarlo. Lo mismo pasa en nuestra relación con Jesús. Cuando lo buscamos, allí está Él. Cuando anhelamos estar con Él y lo llamamos, viene. De hecho, Jesús ya vino a nosotros. Ahora está a la puerta, esperando que despertemos para dejarlo entrar.

Cuando Él te busque ¿te encontrará preparada? ¿Lista y esperando? ¿O estarás dormida, detrás de la puerta con llave, dudando dejarlo entrar porque tu espíritu no está preparado?

La vulnerabilidad es la voluntad y capacidad para presentarnos con total disponibilidad. Esta es la única forma en que podemos concebir el corazón y la voluntad de Dios en nuestras vidas: si nos hacemos totalmente vulnerables. Como Dios no quiere imponerse en nuestras vidas creándonos la obligación de recibirlo, somos nosotros quienes tenemos la responsabilidad de estar disponibles. Dios ya hizo todo lo que podía haber hecho para abrir el camino hacia una relación íntima con nosotros. Es un Caballero y un sirviente de la más alta estima. No se hizo carne en un "acto" de servicio. Así es Él. Es el Sirviente, el Salvador, el Pastor... y el Rey.

Expresión sagrada

1. ¿En qué momento, como Sarah o Ethan, perdiste la oportunidad de relacionarte con alguien en un nivel profundo porque temiste ser vulnerable?

2. ¿Cuándo mentiste, o al menos ocultaste parte de la verdad, en un esfuerzo porque otros pensaran bien de ti? ¿Qué resultados obtuviste?

3. ¿Por qué nos pide Dios que reconozcamos los "taparrabos" que usamos para escondernos?

4. ¿Sentiste alguna vez que los "lugares secretos" le han dado al enemigo acceso para entrar en tu vida?

5. ¿Cómo te sentiste al enterarte de que Dios te acepta tal como eres?

6. Sabiendo que Dios ya te aceptó, ¿de qué nueva forma lo dejarás entrar?

7. ¿Qué puedes hacer para asegurarte de que no recaerás en el viejo hábito de tratar de "esconderte"?

8. ¿Qué proceso de preparación usaste para disponerte a entrar en una relación más profunda con Dios?

Divino intercambio

Su pedido: que nos revelemos
Nuestra recompensa: recibimos revelación

- La amada se *reveló* ante él.
- Él vino a *visitarla*, sin aviso.
- Los *preparativos* la cansaron.
- Ella *perdió* la oportunidad.
- Utilizó demasiado *aceite* para gratificarse con los preparativos, a expensas de su amado.
- Estar *disponibles* ante Él es igual de importante que ser *vulnerables* ante Él.
- Cuando *me revele* ante Dios, Él *se revelará* ante mí. Este es el divino intercambio que se da con la adoración íntima.

Una mujer de adoración de nuestros días
Martha Munizi: "Vulnerable"

Aunque muchos conocen a Martha Munizi por su inspirada canción "Glorious" y su vivo estilo de liderar la adoración, no siempre tuvo una vida tan gloriosa. Al verla uno no piensa siquiera que haya podido tener un mal día en su vida. Martha es rubia, bella, talentosa, ungida. Pero sin problema alguno, dirá que sus días más oscuros fueron los que más le mostraron cuál era su llamado. Siempre hay gente talentosa, ungida, que quiere ser utilizada por Dios para liderar a otros en la adoración. Pero definitivamente hay pocos que prestan atención al proceso que purifica el llamado en nuestras vidas.

El ataque contra la irreprimible unción de Martha comenzó cuando era bebé. El enemigo ya tenía planes para su eliminación a temprana edad, y ella casi muere a causa de una meningitis medular. Los médicos no les dieron esperanzas a sus padres, y no había opciones de tratamiento. Sin embargo, Dios tocó su cuerpo milagrosamente, la sanó y obtuvo todo el crédito por ello. Martha sabe que su vida no le pertenece y vive para dar gloria al nombre de Jesús. Su testimonio, sin embargo, no solo nos alienta en cuanto a la sanación física, porque ella también ha sido tocada con sanación emocional.

Cuando Martha era adolescente, el divorcio de sus padres hizo que su mundo se tambaleara. Ya era bastante conocida a causa del renombre de su padre como músico. Y su madre había amado, apoyado y hecho muchos sacrificios para que los sueños de su esposo e hijos se hicieran realidad. Fue natural entonces que Martha viviera el divorcio y el subsiguiente dolor del abandono como una falla en el perfecto plan de Dios. La tragedia de este hogar destruido hizo que Martha reevaluara el fundamento sobre el que había edificado su fe.

¿Su identidad dependía de sus padres? ¿Cómo responder a las preguntas y opiniones de los demás? ¿Cambiaría el desafortunado desenlace de la relación entre sus padres la forma en que vería a su esposo y a otros líderes espirituales?

Pregunta por pregunta, tuvo que enfrentar y descartar la voz del enemigo, y decidió hacerse vulnerable una vez más al llamado de Dios para su vida. Sabía que si internalizaba la desilusión quedaría vulnerable ante el enemigo. Y el diablo haría que guardara en su corazón las preguntas sin respuesta sobre la fidelidad de Dios, y que entonces jamás volvería a confiar en Dios otra vez.

Martha eligió no escuchar al enemigo. En cambio, dirigió su atención a la grandeza y fidelidad de Dios. Su voto brilla en las letras de las canciones que compone y canta. Quienes oyen su voz reciben la bendición de su testimonio vivo.

CAPÍTULO 4

Quebrantarnos

«Por tanto, imiten a Dios, como hijos muy amados,
y lleven una vida de amor, así como Cristo nos amó
y se entregó por nosotros como ofrenda y sacrificio
fragante para Dios»

—Efesios 5:1-2

La autora Patsy Clairmont ha escrito un libro maravilloso, titulado *God uses cracked pots* (Dios usa a las vasijas rotas). ¡Y tiene razón!

Aunque trata el tema con un toque de humor, presenta un potente principio del reino de Dios: antes de que Dios pueda usarnos con efectividad, tiene que atravesar nuestras capas externas de autoprotección, para que la fragancia de su amor y misericordia pueda "filtrarse" hacia los demás.

Uno de los misterios del Reino es el hecho de que para ser plenos primero tenemos que quebrarnos. Hay varias razones lógicas para poder entenderlo, en parte, por parte de la mente física. Sin embargo, solamente es en espíritu que podemos entenderlo del todo. Quebrarnos significa que lo interno se encuentre con lo externo, como cuando una flor llega a su punto de mayor fragancia y luego es molida para darnos el dulce aceite de su perfume. Si la flor se marchitara y muriera, su aroma perdería potencia. Pero cuando la esencia se obtiene en el momento justo, ese momento queda preservado para siempre en el fragante aceite.

Mientras escribía este libro, encontré una entrevista en una publicación. Se entrevistaba a un famoso perfumista contratado para elaborar fórmulas de fragancias sofisticadas. Al leer su descripción del proceso para la obtención de las esencias, no pude sino ver el gran parecido que hay entre lo que él piensa de las fragancias y lo que yo pienso de la adoración. El hombre dice que embotellar perfume es un acto de veracidad, a causa de su simpleza. Podría extraer la esencia de la flor o hierba, y luego dejar que la esencia hablara por sí misma. La parte más difícil de su trabajo era la de recrear la ilusión de veracidad para la versión más económica de la misma fragancia, basada en el uso de alcoholes. Sin usar aceite extraído de la flor original, tenía que usar esencias sintéticas para crear una ilusión que luego oliera parecido al perfume caro hecho con los aceites esenciales.

Adiós a mí misma

El proceso de obtención de perfumes es muy parecido al de la adoración. Podemos crear verdad sacrificando lo externo en beneficio de lo interno. Claro que es extremadamente caro y puede costarnos todo lo que tengamos. Pero también podríamos elegir una alternativa mucho más económica, la de los símbolos sintéticos de la verdad, para crear nuestro propio "perfume". Podemos representar el acto de morir a nuestro propio ser, sacrificando nuestras agendas y deseos, pero terminaremos ofreciendo sustitutos del original verdadero. Ambas versiones olerán parecido al principio, pero solamente el original verdadero perdurará. Y lo más importante, es que Dios conoce la diferencia. Nada se compara al fragante aroma del sacrificio real, y quien lo haya vivido jamás tomará en cuenta el costo.

Adoración y sacrifico en el Antiguo Testamento

En los tiempos del Antiguo Testamento la adoración y el sacrificio eran sinónimos. Cuando Abraham decía "Iré a la montaña para adorar a Dios", no implicaba que subiría a la cima para luego bailar, cantar y tocar el pandero. Noé, Abraham y Moisés sabían que la adoración requería de una ofrenda en sacrificio, que enviara un aroma hacia el cielo. La ofrenda de adoración no era solo un acto de demostración, realizado en un esfuerzo por agradar a Dios. Era, en cambio, una experiencia costosa para quien efectuaba la ofrenda. Los animales elegidos para el sacrificio tenían mucho valor en las vidas de las personas del Antiguo Testamento. Así que cuando entregaban uno como acción de adoración, era un sacrificio verdadero de parte del que ofrendaba.

El otro factor importante en la adoración y sacrificio del Antiguo Testamento era el rol del animal, que sustituía a la persona que ofrendaba. El adorador ubicaba su mano sobre la cabeza del animal, en gesto simbólico que indicaba: "Este soy yo". Así que, en efecto, el animal era el sustituto del que realizaba la ofrenda, y moría por esta persona, en su lugar. Porque Jesús murió como sacrificio único y supremo por nuestros pecados, ya no tenemos que sacrificar animales para cubrir nuestros pecados y obtener el perdón de Dios (vea Hebreos 10:1-18).

Los sacrificios del Antiguo Testamento no eran solo ofrendas por los pecados. Al sacrificar animales los israelitas mantenían su relación con Dios. Al mostrarse dispuestos a ofrecer a Dios sacrificios valiosos, Él sabía que en verdad querían su presencia en sus vidas, porque les costaba algo. Después de que Jesús cumpliera la Ley, convirtiéndose en supremo sacrificio de sangre, obtuvimos propiciación verdadera y eterna, y entramos en un pacto vivo con Dios.

El sacrificio de Jesús y nuestra adoración

En respuesta a todas estas cosas maravillosas, escucha lo que dice Pablo:

> *«Por lo tanto, hermanos, tomando en cuenta la misericordia de Dios, les ruego que cada uno de ustedes, en adoración espiritual, ofrezca su cuerpo como sacrificio vivo, santo y agradable a Dios»*
>
> —Romanos 12:1

En idioma diferente, pero con el fin de transmitir la misma idea, Jesús dijo:

> *«Si alguien quiere ser mi discípulo —les dijo—, que se niegue a sí mismo, lleve su cruz y me siga. Porque el que quiera salvar su vida, la perderá; pero el que pierda su vida por mi causa y por el evangelio, la salvará»*
>
> —Marcos 8:34-35

Estos pasajes nos muestran que la adoración y el sacrificio son dos ideas que no pueden separarse. Aunque la salvación es gratis *"regalo de Dios, no por obras"* (Efesios 2:8-9), si quieres adorar va a costarte algo. Es ineludible. Al darlo todo de ti en adoración, te unes con Jesús no solo a través de su muerte, sino también de la tuya.

Después de todo ¿cómo relacionarnos con el sacrificio de Jesús si no estamos dispuestos a entregar nuestras propias vidas? Tenemos que poner la mano sobre aquello que más valor tiene para nosotros y decir: "Esto me representa en mi totalidad". Luego, llevando eso al altar, decimos adiós. Es solamente al darle a Dios las cosas que más valen para nosotros que realmente podemos adoptar la naturaleza de la adoración y ser llamados "sacrificio vivo". Darle a Dios todo lo que tenemos indica, al menos en cierta medida, que anhelamos conocer su sacrificio.

Amor en sacrificio

Hemos visto la relación amorosa entre el amado y la amada en el Cantar de los Cantares: cómo ella lo adoraba maravillada, cómo cubrió su rostro por vergüenza, aceptó su aprobación, le mostró sus secretos y luego se perdió el momento de la intimidad. Lo bueno es que no termina allí la historia. Después de haber abierto la puerta para ver que él ya no estaba por mucho que ella lo esperara, salió para encontrarlo una vez más.

> «Le abrí a mi amado,
> pero ya no estaba allí.
> Se había marchado,
> y tras su voz se fue mi alma.
> Lo busqué, y no lo hallé.
> Lo llamé, y no me respondió.
> Me encontraron los centinelas
> mientras rondaban la ciudad;
> los que vigilan las murallas
> me hirieron, me golpearon;
> ¡me despojaron de mi manto!»
> —Cantares 5:6-7

La descripción de su abuso suena conocida. Como sabemos, también a Jesús lo maltrataron así. Lo golpearon y lo lastimaron, y luego echaron a suerte su manto. Sabemos del sacrificio de Cristo en la cruz, porque recibimos los beneficios de este sacrificio, y por ello sabemos también que nada hay como sufrir para solidificar un compromiso con alguien. Si apreciamos de corazón la horrible manera en que murió Jesús, sentiremos todavía más pasión por Él, porque Él sufrió por nosotros. Muchos no tenemos siquiera idea de lo lejos que iríamos para salvar a alguien que amamos, y no hay otra prueba para nosotros más que el sufrimiento. Si estamos dispuestos y decididos a amar a pesar de los infortunios, entonces amamos con amor de sacrificio.

No hay razón para que los centinelas trataran tan terriblemente a la amada. Sin embargo, a partir de allí ella comienza a describir a su amado de manera muy diferente. Por primera vez reconoce lo que hay de tan especial y único en él. El sacrificio que soportó para buscarlo le brindó claridad de propósito y una íntima conexión con su identidad, cosa que ella antes no tenía. Es que lo conocía tan bien, de hecho, que pudo ver de inmediato dónde encontrarlo sin buscar infructuosamente.

> *«Mi amado ha bajado a su jardín,*
> *a los lechos de bálsamo,*
> *para retozar en los jardines*
> *y recoger azucenas.*
> *Yo soy de mi amado, y mi amado es mío;*
> *él apacienta su rebaño entre azucenas»*
> —Cantares 6:2-3

Levantamos un muro

No hay razones que puedan explicar satisfactoriamente el dolor y sufrimiento en nuestras vidas. Si pudiéramos oír la respuesta al por qué de las cosas horribles que nos suceden, esta no calmaría nuestro dolor y quebranto. El único aliciente es que el propósito real de nuestro quebranto es el de darnos a conocer el sacrificio de Jesús. Podemos crear altares de adoración a partir de las piedras de nuestras experiencias –las piedras son los pedazos que quedan de la erosión y movimientos telúricos–. Cuando nuestra vida nos estalla en la cara, también nos quedan fragmentos de la existencia que conocíamos hasta ese momento.

Por lo general elegimos una de dos cosas ante el quebranto: o usamos las piedras de nuestra experiencia para construir un altar, o las usamos para levantar un muro. Cuando estamos devastados por circunstancias que nos hacen sentir vulnerables, quebrantados y expuestos al dolor, nos sentimos tentados a sobrevivir, preservando lo que podamos de los pedazos que quedan. Sabiendo que tenemos que hacer algo con el peso que nos oprime, empezamos a arrastrar las piedras para formar con ellas un círculo que nos proteja. Esta protección se convierte en fortificación: levantamos muros, defensas y banderas que indican "Nunca más me quebrantarán".

Estos muros nos dan la sensación de seguridad, de que estamos a salvo. Pero también dificultan e imposibilitan muchas veces nuestro progreso. ¿Cómo permanecer en un lugar para proteger el pasado al tiempo de avanzar hacia el futuro? Es imposible. Entonces, cuando elegimos erigir una fortaleza ya no somos libres de dejarla, porque nos encerramos como feroces defensores de nuestro propio fuerte. Jamás podremos sobreponernos a ese momento devastador sin desmantelar la fortaleza y volver al lugar donde todo comenzó. Al derribar los muros que tanto nos costaron construir, podemos entonces volver a elegir qué hacer con las piedras de nuestra experiencia.

A diferencia de lo que ocurre cuando construimos el muro, si decidimos construir un altar con las piedras de nuestra experiencia somos libres de avanzar. Después de haber dedicado a Dios esa posición de nuestras vidas, podemos celebrar el viaje hacia el futuro.

Levantar un monumento

Tenemos que recordar que Dios no nos pide cosas inconvenientes solamente para molestarnos. Lo que nos dice es que el mejor momento para "juntar las piedras" de nuestra experiencia es justamente, ese momento por el que pasamos ahora.

> *«En el futuro, cuando sus hijos les pregunten: '¿Por qué están estas **piedras** aquí?', ustedes les responderán: 'El día en que el arca del pacto del Señor cruzó el Jordán, las aguas del río se dividieron frente a ella. Para nosotros los israelitas, estas piedras que están aquí son un recuerdo permanente de aquella gran hazaña'. Los israelitas hicieron lo que Josué les ordenó, según las instrucciones del Señor. Tomaron las piedras del cauce del Jordán, conforme al número de las tribus, las llevaron hasta el campamento y las colocaron allí. Además, Josué colocó doce piedras en el cauce del río donde se detuvieron los sacerdotes que llevaban el arca del pacto. Esas piedras siguen allí hasta el día de hoy»*
>
> —Josué 4:6-9, (énfasis añadido)

La forma más honorable de rememorar cómo nos liberó la mano de Dios, es detenernos en medio del viaje y tomar cada una de las rocas de entendimiento para llevárnoslas. Dios es digno de un monumento justamente cuando estamos en medio de una circunstancia dolorosa, cuando luchamos por aferrarnos a todo lo que Él representa en nuestras vidas.

En memoria de ella...

«Les aseguro que en cualquier parte del mundo donde se predique el evangelio, se contará también, en memoria de esta mujer, lo que ella hizo»

—Marcos 14:9

El uso principal de la palabra "monumento" en nuestra cultura moderna se centra en la muerte. No se le levanta un monumento a alguien que todavía vive. Tampoco lo hace Dios. Pocas veces se mencionan en *Las Escrituras* monumentos que no tengan piedras, sacrificio o esencias fragantes. Cada uno de estos elementos representa algo muerto o quebrantado y, sin embargo, tiene el poder de atraer la atención de Dios y de los hombres.

«María tomó entonces como medio litro de nardo puro, que era un perfume muy caro, y lo derramó sobre los pies de Jesús, secándoselos luego con sus cabellos. Y la casa se llenó de la fragancia del perfume»

—Juan 12:3

Romper el frasco

«Rompió el frasco y derramó el perfume sobre la cabeza de Jesús»

—Marcos 14:3

Al romper el frasco y derramar su costoso contenido sobre los pies de Jesús, María convirtió sus experiencias del pasado en adoración. Aunque no sabemos cómo o de dónde obtuvo este perfume tan caro, sí sabemos que tiene que haber sido o un regalo de alguien, o que había usado el dinero ganado para comprarlo. De uno u otro modo el frasco de alabastro de María representaba su pasado, sus recuerdos, sus experiencias y su reputación. El dolor de nuestro pasado es uno de los regalos más valiosos y caros que podemos darle a Dios porque es todo lo que tenemos en el presente. La adoración es una forma de envolver nuestro dolor y pasado en papel de regalo, y traerlos al presente para entregárselos a Dios.

El frasco de María también representaba el futuro. En esa época, a menudo se daba a la novia una caja de alabastro como dote, en reconocimiento de la transferencia de su riqueza al marido. Este conocimiento echa más luz sobre el sacrificio de María. María le estaba dando a Jesús su única oportunidad de seguridad financiera y matrimonio. Las esperanzas que tuviera, o que hubiese depositado en ese frasco, las rompió con sus manos. Al darle a Jesús su esperanza de futuro, declaraba que un momento con Él le era más precioso que una vida entera con cualquier otra persona.

Nosotros, como María, también tenemos frascos costosos. Los frascos que en nuestro corazón nos mantienen en compartimentos, incongruentes, no podrán romperse con un solo acto de adoración extravagante. El quebranto se iguala con la plenitud solamente si derribamos los muros de nuestros corazones, porque solo entonces podemos verter sobre el Cuerpo de Cristo la esencia de nuestra unción.

> *«Instrúyeme, Señor, en tu camino*
> **para conducirme con fidelidad.**
> *Dame integridad de corazón*
> *para temer tu nombre.*
> *Señor mi Dios, con todo el corazón te alabaré,*
> *y por siempre glorificaré tu nombre»*
> —Salmo 86:11-12, (énfasis añadido)

La belleza del quebranto

Honra a Dios construyendo un recordatorio de las experiencias de las que te redimió. Si revives la dolorosa respuesta de devastación, entonces mira cuán cerca estás de un muro. Quizá estés detrás de tu oportunidad para elegir el quebranto derribando los límites y muros que erigiste alrededor de tu corazón. Dios te dará la fuerza que necesitas para derribar rápido tus defensas. Todo lo pesado que puedas apartar servirá para que tu camino al salir de la prisión sea más fácil. No necesitas entender por qué Dios permitió que sufrieras para poder sentirte digna de levantar un recordatorio, un altar. Lo único que te hace falta saber es que con el tiempo verás la belleza de tu quebranto.

Sin duda, mi momento más duro en los últimos tiempos se ha convertido en mi altar más bello. De joven, cuando era soltera, tenía una imagen perfecta de lo que creía sería la plenitud. Como hija de un pastor mi perspectiva de la vida se fue formando a partir del peligroso podio del juicio. Veía que gente maravillosa se metía en situaciones horribles y respondía: "Supongo que no lo conocía del todo bien".

A lo largo de esos formidables años me aparté de toda situación que pudiera hacer que "cayera en desgracia". Quería ser inmaculada, la esposa perfecta cuando me casara, y elegí vivir de manera resguardada como camino protector para mi vida. Como no conocía el quebranto personalmente, pensaba que la pureza personal se encontraba en la perfección.

Todo el tiempo mi corazón clamaba a Dios, para que me usaba ministrando sanación a quienes necesitaran el consuelo del Espíritu Santo. Pero no tenía gracia para dar. Intentaba poner etiquetas blancas o negras a todo, a causa de mi creencia en que si podía controlar mi conducta, otros también podrían tener la capacidad de evitar la tentación. Y si no se mantenían puros entonces en mi mente, sencillamente dejaban de calificar para ministrar a otros. Lo que no entendía es que ni siquiera el más hermoso recién nacido es puro. *La Biblia* dice que todos nacemos con pecado.

Mi orgullo me llevó justamente a lo que *La Palabra de Dios* anuncia: a la caída. Conocí a Stacey, el hombre de mi vida, y caí. Me enamoré y caí de mi podio. No caí en desgracia, sino en los brazos de la gracia misma.

Después de comprometernos y conversar sobre nuestra boda, a realizarse en el invierno, Stacey y yo descubrimos que nuestra intimidad iba mucho más allá de lo planeado. Como estaba segura de que este era el hombre para mí, no tuve reservas, no vi banderas rojas como me había sucedido en relaciones anteriores. Y aunque mantenerme pura para el matrimonio era lo correcto, mi motivación para hacerlo partía únicamente del orgullo. Eventualmente, caí sin paracaídas.

Stacey y yo nos arrepentimos por traspasar los límites de nuestro compromiso. Sabíamos que habíamos creado un inicio mucho más difícil para nosotros al haber dormido juntos antes de casarnos. De inmediato surgió una sensación de celos y sospecha que nunca antes habíamos sentido, y esto hizo que nos cuestionáramos. Supongo que provenía de la perturbadora idea de que si no podíamos confiar en nosotros mismos cuando estábamos juntos ¿cómo hacerlo cuando estuviéramos separados?

Sabíamos que éramos el uno para el otro, pero lamentábamos haber puesto en peligro nuestra relación al comer del fruto prohibido. Así que nos prometimos no volver a cruzar la línea. Seguir planificando juntos. Volví a casa al finalizar mi segundo año en la universidad para prepararme para mi novio y mudarnos a Dallas.

Poco después de mi regreso, enfermé. Después de una semana más o menos, con síntomas que me hacían creer que tenía gripe, supe que lo que tenía no era una enfermedad: estaba encinta. Aunque ya había perdido mi podio de juicio hacía tiempo, mi sueño público de la perfección ahora empezaba a parecerse a una pesadilla.

Siempre había querido casarme y ser madre, y la idea me entusiasmaba mucho. Pero a pesar de los aspectos positivos de la situación, solo podía concentrarme en el fracaso y la desilusión. Temía que mi situación echara una sombra sobre mis padres y que, de alguna manera, la gente los culpara por mis decisiones, aunque mis padres nunca me dieron más que su transparencia y veracidad. No merecían una hija egoísta que podía –y debía– haber esperado un poco más. Entonces pensé en mi llamado al ministerio y en cómo ya no estaba calificada para servir. Suponía que todos dirían:

– Creíamos que Amie era una buena chica, ¡quizá no la conocíamos del todo bien!

Y supe que sería juzgada por quien se enterara de la noticia de que la hija de este pobre pastor había cometido un gran error.

La razón por la que sentía que mis padres me desheredarían, mis amigos me rechazarían y los extraños hablarían de mí, era porque hasta ese momento es eso exactamente lo que yo habría hecho, de estar en su lugar. Agradezco a Dios porque las personas que yo temía que me juzgaran, rechazaran o criticaran, me respondieron con la gracia de Dios. Dos días después de haberme enterado de que estaba encinta, comencé con pérdidas. Iba a perder el bebé y nadie más que mis padres sabían de mi situación. En lugar de esperar el veredicto, mis padres oraron por mí. Solo la gracia podía abrir el camino para que mis padres oraran porque el bebé viviera y no muriera, porque naciera para cumplir su destino sobre esta Tierra.

Sabiendo lo que iban a enfrentar, mis padres oraron porque la voluntad de Dios se cumpliera por medio de la vida de mi hijo todavía sin nacer.

Como ministros de *La Palabra de Dios*, mis padres eran personas de auténtica integridad, y aún así me asombraba la forma en que abrazaron mi quebranto y me mostraron una fuente de ilimitada gracia y misericordia. Supe entonces que mi padre y mi madre tenían que haber conocido y experimentado un lado de Dios que yo jamás había visto de cerca.

Mis padres, con total transparencia, nos guiaron a Stacey y a mí a lo largo del difícil camino de decisiones que debimos enfrentar. Todos sentíamos que contarles a nuestros amigos, familiares y a la familia de la iglesia sería lo único que podíamos hacer. Estaba preparada para que me recibieran con dureza. Era lo que esperaba. Sin embargo, solo encontré gracia y aceptación en los brazos del Cuerpo de Cristo. La misma gente de la que yo había pensado que no calificaban para ministrar a causa de sus errores, me dio la bienvenida a la hermandad del quebranto.

Esta bellísima muerte de mis sueños me enseñó algo sobre la vida y el camino por el que andaba. Verás, no podría haber guiado a otros en el camino de la restauración y la sanación si no hubiera transitado también ese camino. Justamente lo que debía descalificarme en realidad logró lo opuesto, porque sin gracia era menos calificada todavía. Con la gracia, producto del quebranto, vino mi más grande recompensa: un altar recordatorio que jamás cambiaría por la imagen de la perfección.

Al comienzo de esta situación no podía entender por qué Dios en su gracia permitiría que yo pasara por algo tan traumático. Originalmente, lo único que se me ocurría era pensar en los que conocía y que en mi opinión se habían salido con la suya durante años de negociar y ceder, sin aparente consecuencia. Así que cuando me hallé en esa situación, tenía muchas preguntas para formularle a Dios, y la mayoría comenzaba con: "¿Por qué yo?" Fue solo con el paso del tiempo que pude ver que su gracia en realidad me protegió de algo mucho más trágico que un embarazo no planifi-cado. A través de mi equivocación, Dios con su azada removió el suelo de mi vida y me reveló las piedras del pecado.

Ahora entiendo que la pureza es un proceso producido por el quebranto en nuestras vidas. Nacemos con rocas de pecado, su-mergidas bajo la superficie. Con el sufrimiento llegamos a un lugar donde tenemos que decidir. O usamos las piedras para levantar un muro que mantenga lejos al dolor, o para construir un monumento a la gracia de Dios que sana nuestro dolor.

La forma pública en la que me sucedió esto era necesaria para que mi corazón y conducta fueran congruentes, hizo que la mo-tivación interna se pusiera en línea con la demostración externa. Dios me hizo un favor al revelarme una roca en mi vida que de otro modo habría causado que cayera una y otra vez. Si no hubie-ra tenido la sabiduría de mis padres para guiarme, quizá hubiera ocultado mi error iniciando una doble vida de juicio exterior y vergüenza interior.

¿Cómo resultaron las cosas? Stacey y yo nos casamos unos meses antes de lo planeado, y desde entonces vivimos felizmente casados. Pasamos los primeros meses de nuestro matrimonio reparando el daño de la confianza dañada, como sucede con todo el que cruza la línea antes de casarse. Pero estábamos comprometidos el uno con el otro y también con la creencia en que Dios sabía lo que era mejor para ambos. Cuando miro atrás, al momento de mayor definición en mi vida, veo una encrucijada. Elijo con determina-ción apartarme de la ilusión de lo perfecto, y tomo el camino de la pureza real. Fue la mejor decisión que tomé en mi vida.

Creo que a todos nos definen no tanto nuestros errores, sino las decisiones que les siguen. Si elegimos el arrepentimiento y nos volvemos a Dios en adoración, recibimos la gracia que cambiará el curso de nuestras vidas. El enemigo predijo equivocadamente mi respuesta al quebranto, porque lo que era para mal Dios lo redimió para bien. No solo recibí la gracia de Dios, sino un hijo de la gracia, mi dulce hijo Grayson.

Cada altar, cada monumento contará su propia historia de liberación, dejando un marcador de la gracia de Dios para que otros lo vean y puedan seguir adelante. Mi oración es que tú también un día abraces a tu "hijo de la gracia", como bendición del quebranto. ¡Qué maravillosa oportunidad tenemos, de reunir todas las piedras de nuestras experiencias y apilarlas ante Dios! Hacemos entonces de lo quebrantado el cimiento para nuestra adoración. Nuestro altar.

> *«Por lo tanto, hermanos, tomando en cuenta la misericordia de Dios, les ruego que cada uno de ustedes, en adoración espiritual, ofrezca su cuerpo como sacrificio vivo, santo y agradable a Dios»*
>
> —Romanos 12:1

Te adoro con todo lo que soy
Mary Alessi

Cuando de adorar a Dios se trata, no hay adorador más grande que el salmista David, un hombre conforme al corazón de Dios (vea Hechos 13:22). David quería conocer el corazón de Dios, no solo su voluntad. Muchos buscamos la voluntad de Dios, queremos saber cómo quiere usarnos, pero David anhelaba la Persona de Dios, conocerlo de manera más profunda.

La profundidad de David se hacía evidente en su adoración en público. En 2 Samuel 6:14, David danzó ante el Señor con total abandono. Llevó su celebración a las calles al adorarlo en su regreso con el Arca de la Alianza. Con él iba todo el pueblo de Israel, celebrando y cantando mientras viajaban. El rey David en su corazón quería celebrar a Dios y daba rienda suelta a su pasión. En una muy pública demostración de afecto, David bailó y cantó sin ceremonia alguna, como hombre común. Imagínate a un rey o presidente, ¡bailando en público ante Dios, y que lo viera todo el mundo!

El rey David amaba a Dios y no le daba vergüenza mostrarlo. Su baile y su canto pueden haberle costado el afecto de su esposa Mical, pero no el afecto de Dios. Dios veía que David le entregaba su todo en adoración. Sus sentimientos públicos y privados hacia Dios eran evidentes en esta expresión de adoración.

Si tan solo pudiéramos mostrar tan genuino afecto en nuestra adoración...

A menudo los creyentes encuentran dificultades para demostrar su adoración, o se sienten limitados en su comunión interna con Dios. Muchas veces enfocamos nuestra atención en una de dos cosas: la expresión externa de nuestro cuerpo y la posición interna del corazón. La adoración de David nos muestra que ambas cosas son igual de importantes para Dios.

Es vital que podamos estar a solas con Él y permitamos que Él nos escudriñe, dándonos a conocer de manera íntima. Pero también es prioridad que tengamos la capacidad de celebrar nuestra relación en público.

Sabemos que David hacía estas dos cosas con regularidad. En los salmos leemos de sus dificultades privadas con la adoración, y sus íntimas conversaciones con Dios, y nos tranquiliza saber que podemos ir ante Dios desnudando el alma, y aún así Dios nos aceptará. El corazón o deseo de Dios es que seamos plenos. Y cuando le damos todo lo que somos en adoración, Dios puede hacer que surja esa plenitud, nos da sanación.

Adorarlo con todo lo que soy, significa que no hay área en mi vida que no sea tocada por la adoración. Y cuando la adoración fluye desde el interior, soy sanada por la conexión de lo interno y lo externo en adoración como fluida expresión.

Si deseas conocer a Dios de manera más profunda, todo lo que necesitas hacer es pedírselo. Ora: "Dios Padre que estás en el cielo, quiero más de ti. Quiero que mi adoración sea sincera, honesta, desinhibida y llena de pasión por ti". Pídele que te dé más de Él, y no dejes de pedir hasta que Dios te llene, al punto de rebosar. Recuerda que cuando le das tu todo a Dios, Él también te dará su todo.

Expresión sagrada

1. Conozcas o no el libro de Patsy Clairemont, ¿puedes pensar en al menos una forma en que tu vida guarda relación con la idea de que Dios utiliza las vasijas rotas?

2. Enumera algunas de tus experiencias más "aplastantes", que han liberado la fragancia del amor y misericordia de Dios para que fluyan de ti hacia otros.

3. ¿Cómo te hizo sentir esta vulnerabilidad y quebranto, con respecto a ti misma y con respecto a Dios?

4. ¿Has juntado las piedras del recuerdo de tales experiencias? Si no lo has hecho, ¿por qué no hacerlo ahora?

5. ¿Cómo podrías dedicar tus altares personales de adoración?

6. ¿De qué manera te han impedido las opiniones ajenas que entregues a Dios tus experiencias devastadoras?

7. ¿Por qué piensas que podía el rey David adorar a Dios con tal abandono, al punto de que su propia esposa lo mirara con desprecio?

8. ¿Qué cambios puedes hacer en tu vida para poder estar más abierta a que Dios haga de tus experiencias terribles un modo de que lleves su presencia en tu vida?

Divino intercambio

Su pedido: una muerte en sacrificio
Nuestra recompensa: una vida aromática

- A lo largo de *La Biblia*, los monumentos y altares a Dios se componen de *piedras* y *esencias*.
- Las piedras simbolizaban la fuerza a través del *quebranto*.
- Las esencias simbolizaban la muerte de una *ofrenda*.
- Cuando el quebranto nos encuentra, podemos elegir qué construir: un muro de defensa o un altar de adoración.
- El mandamiento de Dios a Josué nos muestra que el momento más importante para recoger nuestras "piedras", es justamente *cuando transitamos* la tribulación.
- María de Betania rompió su frasco de alabastro sobre los pies de Jesús, como *ofrenda* fragante.
- El frasco de alabastro representaba su pasado, *presente* y futuro.

Una mujer de adoración de nuestros días
Cindy Cruse-Ratcliff: "Quebrantada"

El mundo se enteró cuando la megaiglesia de Lakewood en Houston, Texas, presentó a su vibrante y nueva líder de adoración, Cindy Cruse-Ratcliff, en su programa de televisión semanal. Cindy sabe lo que son las multitudes. De hecho, su carrera como compositora cristiana comenzó cuando tenía nueve años, y su primera canción fue registrada por ASCAP. Desde temprana edad el talento y unción de Cindy fueron evidentes, y le dieron gran favor con Dios y con las personas. Creció de gira con su padre, su madre, hermanos y hermanas, cantando y ministrando juntos por todo el país. Mientras viajaban, conoció y se casó con un joven que también era un talentoso cantante. Juntos, Cindy y su esposo compusieron y produjeron muchas canciones populares para artistas reconocidos.

Con el paso del tiempo Cindy sintió más pasión que nunca por servir a Dios y al Cuerpo de Cristo, pero se encontraba viviendo a solas gran parte de su vida.

El éxito de su esposo había provocado en él un cambio de enfoque, que a su vez afectaba su relación laboral y personal. Cindy notaba que tenía que esforzarse cada vez más por acomodarse a los tiempos de su esposo, con tal de tener una oportunidad para verse. Empezó a aceptar lentamente que para él no era una prioridad que pasaran tiempo juntos. Al menos no como para ella.

A pesar de sus esfuerzos, se veía cada vez más que él había formado una nueva vida para así, y que Cindy no estaba incluida. A pesar del rechazo y el dolor que sentía, no abandonó a su esposo.

Estaba decidida a darle a Dios la oportunidad de dar vuelta la situación. Siguió siendo fiel y leal, hasta que la puerta del matrimonio se cerró por completo.

Fue en este momento de su vida que Cindy llegó a la iglesia Covenant en el norte de Dallas, donde servía como miembro líder del equipo de adoración. Durante los cuatro años que Cindy pasó liderando la adoración en la iglesia Covenant, Dios siguió restaurándola y preparándola para cosas más grandes.

En 1999 los amigos y familiares de Cindy tuvieron la bendición de ver que Dios traía un hombre fiel y maravilloso a su vida. Marcus y Cindy se casaron en una celebración sagrada que fue verdadera demostración de la fidelidad de Dios por restaurarnos aquello que es más grande que nuestras pérdidas. Dios hizo que su esposo Marcus la amara y apoyara, dándole a Cindy más fuerzas para avanzar en su llamado y unción.

Es como si la lealtad que sembrara en su primer matrimonio hubiera regresado a ella, por medio de la fidelidad de Dios y bajo la forma de un maravilloso príncipe. Después de que se casaran Marcus y Cindy, el Pastor Joel Osteen llamó desde Lakewood en Houston, Texas, para ofrecerle un empleo a ella y los recién casados pasaron al siguiente nivel ¡juntos!

Aunque Cindy ha tomado sabias decisiones a lo largo de su vida, lo que decidió durante su momento de quebranto fue lo que la llevó al cuento de hadas que hoy vive. Así que cuando ves adorar a Cindy, y cuando la oyes cantar, has de recordar que Dios ve los sacrificios secretos, y los recompensa abiertamente. ¡Y hará lo mismo por ti! Si eres fiel a Dios cosecharás las recompensas de su fidelidad hacia ti.

CAPÍTULO 5

A la sombra de Dios

«A la sombra de tus alas cantaré»
—Salmo 63:7

Kerri creció en un hogar abusivo, y pasó la mayor parte de su infancia viendo que su padre usaba a su madre como bolsa de boxeo. A los quince años, Kerri se fue de su casa con Steve, un atractivo aunque desempleado joven de veinticinco años, alcohólico, que le prometió una vida nueva. Lamentablemente, terminó repitiendo la historia de su madre, excepto que ahora la bolsa de boxeo era ella.

Cuando nació su hija Melissa, decidió no exponerla a la misma crianza que había tenido ella. Decidió volver a irse, esta vez a un refugio perteneciente a la iglesia de la localidad. Mientras estaba allí Kerri entregó su corazón al Señor, y por fin encontró la nueva vida que tanto había buscado. Dejó detrás de sí la historia de los abusos, y ahora podía sentir confianza en que su hija crecería en un ambiente seguro, saludable, lleno de amor.

Un domingo por la mañana en la iglesia el pastor comenzó a enseñar sobre el principio bíblico para las esposas: la sujeción a sus maridos. Y se preguntó: "¿Había hecho lo correcto su madre al quedarse con su marido abusivo? ¿Se había equivocado ella al escapar de su situación? ¿Tiene que soportar una esposa cualquier maltrato al que su marido la someta?"

Casi estuvo a punto de levantarse y correr hacia la salida cuando el pastor dijo algo que le llegó al corazón e hizo que se quedara.

–Uno de los significados de la sujeción –dijo–, es resguardarse en lugar seguro. Por eso podemos someternos a Dios sin miedo alguno, sabiendo que cuando nos abrigamos a la sombra de su ala, estamos a salvo. Si los esposos y esposas comprendieran y pusieran en práctica siempre este significado de la sujeción, no habría necesidad casi de predicarlo desde el púlpito, y nuestros bancos en la iglesia estarían llenos de felices matrimonios cada domingo.

Kerri sintió que la tensión de sus hombros se aflojaba. Y que el gozo volvía a su corazón. Había venido al lugar correcto, después de todo, el lugar donde el perfecto amor echa fuera todo temor (vea 1 Juan 4:18).

A la sombra de las alas protectoras de Dios...
A la sombra del amor y la protección de Dios...

El uso de "a la sombra" hoy ha adquirido una connotación negativa en la sociedad. Porque nadie quiere estar a la sombra de nadie más, en especial las mujeres que en los últimos tiempos han celebrado los logros en el campo de la creación de una sombra propia sobre la sociedad. ¿Por qué querría alguien estar bajo la sombra de algo más grande? Es una pregunta que formula este mundo moderno, y que responde el Espíritu de Dios. Solamente en el reino de los cielos, la sombra es en verdad todo lo que tiene que ser.

Podemos ubicarnos bajo el Reino de los cielos, y dejar que nos muestre en nuestras vidas el camino a la verdad. El camino del Reino de Dios es el camino *opuesto* al del mundo. A menudo digo que el Reino de Dios es "el reino del revés", porque el sistema de valores del Señor es exactamente lo opuesto al de los valores del mundo. He llegado a entender que en realidad, el "reino del revés" es este mundo, porque el de Dios es el verdadero Reino.

Para entender el Reino de Dios, tenemos que recibir una perspectiva eterna. Cuando tomamos conciencia en la potente revelación de que nacimos primero en el Reino por medio del corazón de nuestro Creador, nuestra perspectiva de quiénes somos espiritualmente renovará de manera radical nuestras mentes y nuestras respuestas a esta vida temporal.

> *«No se amolden al mundo actual, sino sean transformados mediante la renovación de su mente»*
> —Romanos 12:2

Estar a la sombra de Dios, en un íntimo encuentro con Él, es lo que vivimos cuando nuestro espíritu está dispuesto, acepta, es vulnerable, se ha quebrantado y está disponible. Es como un candado con combinación, que va de un punto de apertura a otro, hasta que todos están en línea. De la misma forma, la adoración nos lleva por el camino de los requisitos para esta relación, hasta que nos presentamos completamente abiertos a la obra del Espíritu Santo.

Disponibilidad

El mundo en que vivimos nos indica que debemos luchar por nuestra identidad independiente, en tanto el Reno nos dice que nuestro designio es el de obtener iluminación solo en manos de nuestro Creador. Desde los avisos en las revistas a los comerciales en televisión, se nos presenta el patrón de belleza que el mundo impone y al que tenemos que llegar con esfuerzo. Sin embargo, en el Reino nuestra afirmación y belleza nos llegan como resultado del reflejo de la gloria de Dios. Aún cuando Jesús fue al monte a orar, su rostro fue transfigurado por la gloria de Dios. En nuestros días esa experiencia se conoce como "El Monte de la Transfiguración".

«*Mientras oraba, su rostro se transformó, y su ropa se tornó blanca y radiante. Y aparecieron dos personajes —Moisés y Elías— que conversaban con Jesús. Tenían un aspecto glorioso, y hablaban de la partida de Jesús, que él estaba por llevar a cabo en Jerusalén*»

—Lucas 9:29-31

La transformación de Jesús fue resultado de haber ido a la montaña, y lo preparó para soportar lo temporario, con el fin de que se cumpliera lo eterno. También nosotros debemos ir a la montaña del Señor para encontrar nuestro llamado en el Reino. Como dicen *Las Escrituras*, Jesús habló de su muerte con Moisés y Elías, mirando su destino a los ojos, y aceptándolo sin pestañear. Se puso a disposición. Se dispuso a estar a la sombra. Y así como Jesús se puso a disposición de Dios y fue transfigurado en la montaña, también nosotros necesitamos experiencias similares en la cima con el Altísimo, para prepararnos para cumplir nuestro propósito.

Después de este encuentro Jesús llevó a cabo su eterno propósito con firme determinación, como dicen *Las Escrituras: "Jesús se hizo el firme propósito de ir"* (Lucas 9:51). Un encuentro cara a cara con tu propósito eterno cambiará para siempre tu perspectiva. Lo que antes podría haberte parecido abrumador, será entonces el abrigo de una sombra.

De dónde proviene la sombra

Entiendo que una mujer como Kerri, que ha vivido y sufrido bajo la mano opresora del enemigo, quizá no entienda o acepte enseguida la libertad y gozo de estar al abrigo de la sombra. Porque si te cubren las sombras del dolor del pasado o la desilusión y desaliento del presente, podrá parecerte demasiado la elección propia de buscar otra sombra bajo la cual ubicarte. Aunque las circunstancias opresivas echan sombras de desaliento sobre nuestras vidas, tenemos que conocer con claridad de qué reino provienen. La diferencia entre la sombra que abriga y la opresión está en el lugar de dónde proviene la sombra.

Para entender el mundo espiritual necesitamos reconocer el origen espiritual de ángeles y demonios, y discernir las radicales diferencias entre el reino de las tinieblas y el reino de la luz. *Las Escrituras* enseñan que los ángeles son criaturas de Dios. Son llamados *"huestes* –todos los ángeles–" y *"ejércitos del cielo"* en Nehemías 9:6 y en el Salmo 148:2, 5. En otros pasajes de *Las Escrituras* son "hijos de Dios", "Santos", "espíritus", "centinelas", "tronos", "dominios", "principados", "autoridades", y "poderes".[1] Eventualmente, los ángeles que se rebelaron contra Dios fueron echados del cielo y se convirtieron en demonios.

> «*Se desató entonces una guerra en el cielo: Miguel y sus ángeles combatieron al dragón; este y sus ángeles, a su vez, les hicieron frente, pero no pudieron vencer, y ya no hubo lugar para ellos en el cielo. Así fue expulsado el gran dragón, aquella serpiente antigua que se llama Diablo y Satanás, y que engaña al mundo entero. Junto con sus ángeles, fue arrojado a la tierra*»
>
> —Apocalipsis 12:7-9

Aunque los ángeles caídos recibieron el nuevo nombre de demonios luego de su expulsión de los cielos, no perdieron sus poderes. Como ángeles habían sido enviados a alentar a los herederos de

---

1. Wayne Grudem, *Teología sistemática,* Miami-Vida, 2006, p. 397

la salvación. Después de su caída su misión se pervirtió y comenzaron a utilizar sus capacidades al servicio del reino de las tinieblas. En lugar de elegir palabras de vida pronunciadas en fe y hacerlas cumplir para bien, eligen palabras negativas arraigadas en la duda para cumplirlas con el fin de lograr el máximo daño. Esos espíritus que una vez fueron mensajeros santos, ahora son utilizados por el enemigo con el objeto de concretar sus propósitos de destrucción. La opresión demoníaca es la oscuridad que sobrevuela, enviada para destruirnos, para oprimirnos y mantenernos bajo ese manto de tinieblas (vea Mateo 6:23; también Job 10:22, 12:25).

Aunque no podemos escapar a esta lucha por el poder, entre la luz y las tinieblas, Dios no permite que permanezcamos indefensos ante el enemigo. Nos ha dado unción y poder para luchar contra la oscura sombra de la opresión.

> *«Jesús de Nazaret: cómo lo ungió Dios con el Espíritu Santo y con poder, y cómo anduvo haciendo el bien y sanando a todos los que estaban oprimidos por el diablo, porque Dios estaba con él»*
>
> —Hechos 10:38

Jesús sanaba a los que estaban oprimidos por el diablo, y se nos ha dado la comisión de hacer lo mismo. La opresión no puede existir cuando hay plena unión entre Dios y la persona. Si en nuestra adoración damos la bienvenida a la presencia de Dios y la albergamos, entonces el enemigo tiene miedo de permanecer porque sería lo único que se interpondría en nuestro camino de comunión con Dios. Un demonio preferirá huir antes de estar en el camino de un ángel. *Las Escrituras* dan testimonio del hecho de que el poder opresor del enemigo sobre nuestras vidas puede romperse por medio de la adoración.

«David tomaba su arpa y tocaba. La música calmaba
a Saúl y lo hacía sentirse mejor, y el espíritu maligno se
apartaba de él»

—1 Samuel 16:23

Cuando por medio de la adoración nos abrimos camino para quitar la opresión, estamos avanzando hacia la presencia de Dios posicionándonos para recibir el favor de su sombra y abrigo. En el reino de los cielos ¡estar a la sombra significa que encontramos favor con Dios!

Si estudiamos la expresión "a la sombra", encontraremos que en todos sus aspectos denota la obra del Espíritu Santo en respuesta al favor de Dios. En dos ocasiones (vea Marcos 9:6; Lucas 9:34), la expresión "envuelto en una nube", que equivale a estar a la sombra, se utiliza para describir momentos en que el Espíritu Santo fue enviado para afirmar el amor de Dios por su Hijo Jesús. En el Monte de la Transfiguración una nube brillante envolvió a los discípulos, y se oyeron estas palabras:

«Este es mi Hijo amado; estoy muy complacido con él»
—Mateo 17:5

Aunque quizá la más memorable oportunidad en que se utilizó esta expresión es en el anuncio del ángel a María, la joven virgen que sería la madre de Jesús:

«El ángel se acercó a ella y le dijo:
¡Te saludo, tú que has recibido el favor de Dios! El Señor
está contigo.
Ante estas palabras, María se perturbó, y se preguntaba
qué podría significar este saludo»

*No tengas miedo, María; Dios te ha concedido su fa-
vor —le dijo el ángel—. Quedarás encinta y darás a luz
un hijo, y le pondrás por nombre Jesús. Él será un gran
hombre, y lo llamarán Hijo del Altísimo. Dios el Señor le
dará el trono de su padre David, y reinará sobre el pueblo
de Jacob para siempre. Su reinado no tendrá fin.
¿Cómo podrá suceder esto —le preguntó María al ángel—,
puesto que soy virgen?
El Espíritu Santo vendrá sobre ti, y el poder del Altísimo
te cubrirá con su sombra. Así que al santo niño que va a
nacer lo llamarán Hijo de Dios'»*

—Lucas 1:28-35

El ángel le aseguró a María que Dios le había concedido su
favor, así que está claro que agradaba al Señor. Me he preguntado muchas veces qué habrá sido exactamente lo que atrajo la
atención de Dios hacia esta joven. Lamentablemente, es parte
de nuestra naturaleza que deseemos instrucciones sobre cómo
"hacer" algo para recibir el favor de Dios. Sé que no soy la única
mujer que se pregunta esto sobre María, y qué es lo que la convirtió en "la mujer".

No sabemos mucho sobre María antes de que se le apareciera
el ángel Gabriel, así que solo podemos estudiar sus respuestas a lo
que el Espíritu Santo le mandaba hacer. Afortunadamente, esto
basta para validar el espíritu único de esta joven judía. ¿Cuántas
de nosotras, sorprendidas con la guardia baja, responderíamos
con tanta gracia y humildad? La respuesta inmediata de María al
asombroso anuncio del ángel, nos dice mucho sobre su carácter
y actitud ante Dios.

El poder instantáneo del acuerdo

Si estudiamos la historia de María y nos abrimos paso hacia su pasado, desde el momento del favor que Dios le concedió, encontramos que su acuerdo inmediato surge de una profunda fe. Cuando el ángel se apareció ante María, ella respondió de inmediato. María no se quedó allí nada más preguntando si le daban tiempo para pensarlo. Podría haber dijo: "Déjame pensarlo y te responderé". No. Sencillamente dijo: *"Que él haga conmigo como me has dicho"* (Lucas 1:38).

Cuando entramos en acuerdo con el Espíritu de Dios y nos ponemos a su disposición, estamos alineando nuestro espíritu con el Espíritu Santo. La respuesta de María nos muestra que el acuerdo inmediato con Dios surge de un nivel más profundo de fe, mucho más que la sola confesión. Solamente la fe genuina responde con un "sí", sin dudar, a la voluntad de Dios que no conocemos.

Aunque no tenemos un ángel en nuestra habitación como sucedió con María, cuando oímos *La Palabra de Dios*, se requiere de nosotros una respuesta. ¿Puedes imaginarte respondiendo como lo hizo ella? ¿Puedes imaginarte tan en línea con el espíritu, como para responder que sí al instante sin consultarlo con la almohada?

Mi oración en momentos de mucho ajetreo es: "Dios, dame más tiempo para ti". Un día por fin me di cuenta que pedirle tal cosa a mi esposo sería mala educación. Porque le estaría diciendo: "No eres tan importante como el resto de mi vida, y lo lamento. Pero si tuviera una hora más al día, ¡sería tuya!" Descubrí que Dios no quitará de en medio mis deberes como madre, esposa o autora, para darme más tiempo con Él. Lo que sí hará es amarme aún desde lejos, y soñar sobre lo que sucederá entre nosotros cuando un día yo despierte y lo ame. Si percibo su deseo para mí, anhelo seguir fielmente con mi vida para poder tener más tiempo para Él.

¿A cuántas nos sucede que tenemos tanto que hacer, que no podemos siquiera pensar en un milagro creativo? ¿Que no podemos tener espacio en nuestras vidas para un "nuevo bebé"? ¿Por qué nos buscaría Dios para envolvernos en su sombra y llevarnos a un nuevo nivel de "administración", si tenemos ya tanto que hacer?

Tendríamos que vivir siempre dejando espacio en nuestras vidas para lo que fuera que pudiera tener Dios en mente para nosotros. Esto es lo que significa estar disponibles para Dios. ¿Cómo podemos decir que esperamos la intervención divina, si planificamos nuestras vidas de manera que lo divino queda siempre postergado, excluido?

Les hablo a las que están demasiado ocupadas, con demasiados compromisos. No les hablo a las que no tienen fe. Este no es un mensaje de permiso para ser poco confiables, veletas que el viento hace cambiar de dirección. En verdad, si no demostramos ser fieles en la mayoría de las áreas de nuestras vidas, no calificamos para recibir las criaturas de Dios. Si hasta las Agencias de Adopción tiene parámetros de estabilidad para los padres... ¡cuánto más alto será el parámetro de Dios para decidir confiarnos una parte de sí!

Si somos fieles con lo que se nos confió: talento, oportunidades, etc., entonces le hemos dado a Dios algo con lo que podrá obrar para nuestro beneficio.

Concebir lo imposible

Volviendo a la historia de la visitación de Gabriel a María en Lucas 1, vemos una declaración esencial en el versículo 37:

«Porque para Dios no hay nada imposible»

Me pregunto muchas veces si las mujeres nos concentramos en la virginidad de María como motivo del favor de Dios. Si solamente pensamos en que Dios necesitaba a una virgen, y que María cumplía este requisito, no entendemos el mensaje. Aunque no busco quitarle a la virginidad de María su pureza y nobleza, querría dirigir tu atención a un importante principio que obra aquí. Dios necesitaba a una virgen, a una mujer que no hubiera conocido a hombre alguno de manera íntima y sexual, para que su semilla en el vientre de esta mujer no pudiera confundirse con la obra de alguien más. Dios quería utilizar a esta virgen para producir a una criatura nacida de su espíritu a través de la carne. La virginidad era un requisito sencillamente porque Dios quería producir un hijo a partir de una situación que en términos humanos era simplemente imposible.

Dios obra en el plano de los imposibles. El mismo Dios que hace que una virgen dé a luz, quiere crear lo imposible en nosotras. Si has sido abusada, maltratada o manchada por las relaciones de la vida, Dios te llamará para hablar, respirar y vivir la pureza. Él obra contra lo natural para concebir lo sobrenatural. Si eres soltera y lo que más quieres es tener una familia, con hijos, pero todavía no lo ves como realidad, Dios te utilizará con poder como madre para muchos, a pesar de tus circunstancias.

Si podemos capturar la esencia del intercambio de la adoración, podemos entonces concebir la verdad del corazón de Dios para con nosotros. Dios no publica sus requisitos en el caso de otras personas a las que utilizó para que al compararnos nos sintamos indignas. El propósito de darnos a conocer los detalles es el de encender nuestra fe ¡para que creamos en lo imposible apenas tomemos conciencia de su deseo de utilizarnos para su maravilloso propósito!

> *«¡Dichosa tú que has creído, porque lo que el Señor te ha dicho se cumplirá!»*
>
> —Lucas 1:45

María concibió la voluntad de Dios apenas creyó en su promesa. "Concebir" significa "recibir la creencia", y es por eso que cuando decimos que algo es increíble también lo llamamos inconcebible. En esencia, creer es concebir. Son conceptos inseparables. Hace falta fe para concebir la semilla de Dios. Al creer en Él estamos diciendo que nuestra confianza va más allá del conocimiento, y Él sabe cuándo estamos listas. Listas para recibir.

El aroma de un espíritu abierto

Mi marido me sorprendió un día al hacer un comentario sobre cómo olía mi cabello, mi aliento y mi rostro. Me dijo: "Tienes ese olor otra vez". Pensando que se trataba de un olor desagradable, sentí vergüenza y le pregunté a qué olía. Me dijo que era como el perfume de las dulces flores, y esto me sorprendió. De hecho, la primera vez que me lo dijo no le creí. Luego le pregunté qué quería de veras, porque acababa de elogiarme tanto. Sin embargo, mes tras mes volvía a notar este perfume y me hacía el mismo comentario. Después de más de once años de matrimonio, ambos pensamos que es el aroma de la fertilidad.

Más tarde descubrí que esta fragancia no es poco frecuente. De hecho, es el resultado de las feromonas que libera nuestro cuerpo en el momento de la ovulación. La razón por la que no hay más mujeres que conocen esto es porque no pueden olerlo en sí mismas, y que el marido tiene que conocer muy bien a su esposa para percibir la diferencia entre este aroma y el de los muchos productos y perfumes que usamos las mujeres. Pero así como Dios creó una sutil fragancia que da la señal de que la mujer está lista para la concepción, nosotras también emanamos una señal espiritual única y fragante.

Nuestra fe libera una fragancia que atrae al corazón de Dios. Y su sombra que nos envuelve es el modo en que Dios le responde a un espíritu que Él encuentra abierto y disponible. Cuando todo está correctamente alineado en nuestro espíritu, es que estamos maduras para la concepción. Es que tiene que encontrarnos dispuestas, aceptables, vulnerables, quebrantadas y disponibles a la vez, para que podamos responder adecuadamente al Espíritu Santo.

Cada uno de estos atributos reluce en la vida de María, la madre de Jesús. Esta joven casta y humilde mostró su disposición a través de su inmediata respuesta de fe. La aceptación de María del favor que Dios le concedía, es un sutil estudio de su carácter, y si hubiera mostrado señal de vergüenza u orgullo se habría descalificado a sí misma.

Aunque más tarde, nos enteramos de que a causa de su humildad María se sorprendió de que Dios usara a una joven "de condición baja", como ella, su respuesta no surgió a partir de una opinión exagerada de sí misma, sino de su aceptación de la soberana decisión de Dios. Su énfasis, como también tiene que serlo el nuestro, estaba puesto en la grandeza de Dios y no en sus propias calificaciones o carencias.

Después de oír el anuncio del ángel, María se hizo vulnerable al preguntar sin temor alguno cómo sucedería todo esto. La forma en que lo preguntó: *"¿Cómo podrá suceder esto?"*, revela su fe: que ella creía que sucedería la concepción, pero que no entendía *cómo* sucedería. Es que seguramente había entregado su vida a Dios mucho antes de que llegara el ángel sin anunciarse, porque conocía después de oír lo que Dios planeaba hacer con ella, que enfrentaría el rechazo de su familia y su novio, y aún ser apedreada hasta la muerte. Sin embargo, dejando de lado su propio e inevitable quebranto, María dio la bienvenida a la presencia de Dios con brazos abiertos.

Albergar al Espíritu Santo

Jesús entró a este mundo a través de su madre, María. Y salió de este mundo despedido por otra María, la que lo ungió para su muerte. ¡Qué maravilla que dos mujeres con el mismo nombre proféticamente albergaran al Espíritu Santo que se movía en ellas para abrir camino al cuerpo de Cristo! María, la madre de Jesús, dio su propio cuerpo para dar a luz al Hijo de Dios, hecho de carne. Cuando llegó el momento de que Jesús hiciera la transición de regreso al Padre por medio de la muerte, María de Betania preparó su cuerpo para la sepultura. Una María lo hizo nacer y otra María lo sepultó. Aunque en esa época María era un nombre muy popular, no creo que podamos culpar a la casualidad por esta coincidencia.

Hay aquí un mensaje especial para todas las mujeres: Jesús fue bienvenido a este mundo por una mujer, y cuando supo que su destino sería la muerte, una mujer fue la única que lo afirmó por medio de su profético regalo. Me conforta saber que cuando Dios quiso que su único Hijo fuera bienvenido, atesorado, alimentado y criado, buscó a una mujer para cumplir su voluntad. Dios podría haber hecho arreglos para un nacimiento real, con reyes y dignatarios, y podía haber hecho que su Hijo fuera criado por un respetado senador, por ejemplo. Pero no fue así. Eligió a una mujer simple y llena de fe para dar a luz y criar a su único Hijo.

Dios le confió a una mujer su más valioso regalo: Jesús. María, la madre de Jesús, tiene que haber tenido muchas cualidades que Dios querría que ella le transmitiera a su Hijo. Además, Dios confió a

María el cuidado, afecto y disciplina de su Hijo mientras este crecía. La prueba más importante en la tarea de los padres es el acuerdo. María había demostrado su capacidad para alinearse al instante con el Espíritu de Dios, una capacidad divina que sería esencial en la crianza de Jesús.

Sin embargo, María no fue la única mujer que aparece como prominente en la vida de Jesús. A diferencia de la madre de Jesús, María de Betania con su regalo de unción tuvo un efecto profundo en la vida y muerte de Jesucristo.

En la superficie podemos ver a María de Betania como adoradora apasionada que derramó su muy caro perfume sobre los pies de Jesús, para luego secarlos con sus cabellos. Más allá está el gesto profético que representó su extravagante regalo. Porque mientras Jesús era traicionado y criticado por quienes se complotaban en contra de Él y no entendían el significado de su vida, mientras los discípulos se hallaban sentados a la mesa pensando en cuestiones de política, María estaba a sus pies, con sus manos, corazón y cabello empapados en lo profético.

> «*Déjenla en paz —dijo Jesús—. ¿Por qué la molestan? Ella ha hecho una obra hermosa conmigo" (...) "Ella hizo lo que pudo. Ungió mi cuerpo de antemano, preparándolo para la sepultura*»
>
> —Marcos 14:6, 8

Cuando María de Betania ungió a Jesús con óleo, estaba preparando proféticamente un camino para Él por medio de su adoración. En tanto las multitudes que adoraban a Jesús quizá creían que en última instancia lo seguirían al palacio como rey de los judíos, María dijo en este acto íntimo de adoración que ella le seguiría hasta su muerte.

El perfume que María utilizó para ungir a Jesús se describe como caro, puro aceite de nardo. De hecho, se le puso precio a su alto valor.

> «*Porque podía haberse vendido por más de trescientos denarios, y haberse dado a los pobres*»
> —Marcos 14:5, RVR 60

Me resulta interesante que el valor en que se estimó la adoración de María fuera aproximadamente el equivalente a diez veces lo que Judas recibió por traicionar a Jesús. Judas traicionó a Jesús por treinta monedas de plata, en tanto María lo adoró con extravagancia sin fijarse en el costo.

Muchas veces he pensado en el efecto perdurable que la fragante ofrenda de María puede haber tenido en Jesús durante los últimos días de su vida. La gente se bañaba con menor frecuencia, y no existían los jabones astringentes. Solo el tiempo puede haber hecho que se esfumara la fragancia de su sacrificio, pero Jesús justamente no tenía tiempo. Por eso estoy segura de que mientras esperaba ser juzgado, Jesús todavía podía oler el sacrificio de María. Y cuando lo torturaron con treinta y nueve azotes habrá inhalado el amor que ella sentía por Él. Y quizá después de las muchas horas de tortura todavía, la fragancia haya llenado su corazón con el recuerdo de por qué moría.

No solo fue ungido Jesús con aceite, sino que María también fue ungida por habérselo aplicado. Cuando Jesús murió para cubrir nuestros pecados cumplió su promesa a María de Betania, porque cuando ella le dio un regalo profético recibió el perdón de los pecados directamente de parte de Jesús, aún antes de que se lo otorgara al resto del mundo. El regalo de María bendijo a Jesús pero también proveyó para ella. Aunque la adoración se concentra en nuestro extravagante amor por Jesús, rebosará y dejará un legado perdurable a todo quien huela su perfume.

Derramar tu ofrenda sobre el cuerpo de Cristo

El momento para derramar la unción no terminó con María de Betania. Hoy hay un llamado para nosotras, como mujeres. Para que derramemos nuestra ofrenda sobre el cuerpo de Cristo. Somos llamadas y ungidas a elevar el Cuerpo por medio de nuestra ofrenda extravagante. El Espíritu de Dios sobrevuela nuestra apertura. Podemos ser las vasijas que Él decida utilizar para su gloria. Nuestras vidas y cada una de las experiencias que hayamos tenido se convertirán en fragante y perdurable legado, al derramarlas sobre su Cuerpo.

Jill Briscoe, una de mis disertantes favoritas, describió una vez lo que tienen que haber sentido los que pasaban por allí ese día en que María ungió a Jesús. Al sentir la fragancia en la brisa, tienen que haber dicho:

> Mmm… ¡alguien ha dado algo!
> *«Y la casa se llenó de la fragancia del perfume»*
> —Juan 12:3

¡Qué maravilloso sería que nuestras casas de adoración estuvieran tan impregnadas del perfume de la adoración, como para que quien pasara se detuviera a oler la fragancia! Es posible ir más allá de lo que para otros pudiera parecer una extravagancia, y aún así adorar a nuestro Maestro. Todo lo que hagamos en la vida puede serle dedicado a Dios.

Hay mujeres dinámicas en nuestros días que, como María de Betania, adoran de manera "extravagante e inusual". Quizá no toquen el piano ni tomen un micrófono para cantar, pero son adoradoras extravagantes por la forma en que entregan sus vidas en sacrificio.

Tu experiencia de adoración tiene potencial para llevarte al futuro. Las mujeres de *La Biblia* que se abrigaron a la sombra de Dios, dejaron legados y huellas indelebles en nuestras vidas el día de hoy. Su adoración de hace miles de años sigue resonando y estando presente en nuestras conversaciones.

Anhelo albergar al Espíritu Santo con el mismo espíritu de humilde aceptación que mostró María, la madre de Jesús, y María de Betania. Podemos seguir sus pasos hoy también, porque Dios no ha dejado de impregnar con su semilla la criatura del Espíritu. No hace falta que estemos casadas, ni que nos dediquemos tiempo completo al ministerio, para que Dios nos use con el fin de producir grandeza para el Reino. Lo único que hace falta es que estemos, como la joven virgen judía, plenamente dispuestas a aceptar nuestro llamado a concebir el corazón de Dios.

Ante todo, sin embargo, tenemos que tener un corazón preparado a la respuesta instantánea ante la sombra de Dios, listo para aceptar, ser vulnerable, quebrantarse y estar a su disposición. La sombra de Dios, el favor del Espíritu Santo, producirá en nosotras eso tan sagrado que hemos sido llamadas a dar a luz, porque toda criatura del "gran intercambio" es eterna, multidimensional y ¡se parece tanto a su Padre!

No hay límite para el legado de una mujer humilde que todo lo entrega y clama por albergarse a la sombra de Dios, y para concebir en completa verdad y llevar dentro de sí la semilla del Dios Altísimo.

Expresión sagrada

1. ¿Cómo te sentiste al leer la historia de Kerri, incluyendo la definición de "sumisión, sujeción"

2. ¿Qué significaba antes para ti la expresión "estar a la sombra de..."?

3. ¿Qué tienes que hacer para cambiar el origen de la sombra, de la opresión al poder?

4. ¿Qué puedes hacer para crear una atmósfera de "sombra de ángeles"?

5. ¿Estás preparada para responder al instante al Espíritu Santo?

6. ¿Qué cosa humanamente imposible te gustaría recibir de Dios?

7. ¿Crees con sinceridad que el poder del Altísimo Dios reposará sobre ti?

8. Enumera las cosas sagradas, sueños que Dios te ha dado, que has concebido por medio del poder del Espíritu Santo.

Intercambio divino

Su pedido: que no dudemos
Nuestra recompensa: vivir a la sombra de Dios

- La opresión es la versión del "*abrigo de la sombra*" del enemigo.
- Los demonios son *ángeles caídos* que buscan cubrirnos con oscuridad.
- Los espíritus del mal no permanecerán en una atmósfera donde no se los *glorifique*. Los demonios huyen y los ángeles llegan como resultado de nuestra *adoración*.
- El acuerdo instantáneo con el Espíritu de Dios nos pone en línea con el reino de Dios.
- La declaración de María, "*que Él haga conmigo*", hizo que ella concibiera lo imposible.
- Mi fe libera una *fragancia* que atrae al corazón de Dios.
- La fe de María se basaba en la *grandeza de Dios* y no en sus *propias virtudes*.

Una mujer de adoración de nuestros días
Ingrid Rosario: "Al abrigo de su sombra"

Una tarde mientras Ingrid pensaba en las bendiciones de su vida, le preguntó al Señor: "¿Cómo fue que llegué hasta aquí?" Sabía que el favor de ministrar a miles en todo el mundo y de grabar un álbum en castellano no se había producido como resultado de sus esfuerzos, ni tampoco de una fórmula secreta para el éxito espiritual. Así que la pregunta era de las buenas, nacida de un corazón de gratitud por lo lejos que Dios la había hecho llegar.

Después de preguntar recordó algo que había pasado cuando tenía ocho años. Ingrid había entrado en la casa y encontró a su madre acurrucada en un rincón de la cocina, llorando. Enseguida se acercó para ver qué pasaba, y vio que su mamá tenía en la mano una invitación a una boda, dirigida a Ingrid y a su hermanito. Sin embargo, aunque la invitación había sido enviada a los niños, era obvio que la destinataria era su madre, porque en ella se especificaba "SIN niños".

Ahora, para entender la reacción de la madre de Ingrid ante esta invitación, hay que saber que los padres de la niña se habían separado hacía un tiempo. Y que el padre de Ingrid había estado de visita meses antes, y que su madre tenía esperanzas de que se reconciliaran. Lo que ni ella ni los niños sabían, era que el padre de Ingrid ya estaba comprometido con otra mujer. La invitación a la boda era de parte de la nueva novia.

Años más tarde el doloroso recuerdo volvió a surgir, como si fuera una respuesta a la pregunta de Ingrid: "Dios ¿cómo fue que llegué hasta aquí?" Porque en ese recuerdo, en el momento en que

Ingrid supo que su papá no volvería a casa, la vulnerable niñita aprendió de su madre cómo responder a los planes y propósito de Dios aún en medio del dolor.

La mamá de Ingrid se levantó del rincón, abrazó a su hija confundida y puso música: *Alabemos al Señor*, en una cinta de Los Imperiales que se había traducido al castellano. Ingrid vio cómo su mamá adoraba a Dios y liberaba su angustia, cantando de la fidelidad del Señor en medio del dolor y la tristeza, y de la gran verdad que Dios obra a través de quienes lo alaban.

Dios utilizó ese recuerdo para mostrarle a Ingrid que su posición como adoradora comenzó en ese mismo momento en que su madre decidió responder a su más grande dolor y más humillante pérdida, adorando a Dios.

La mamá de Ingrid había elegido ponerse al abrigo de la sombra de Dios, y ese fue el legado que le dejó a su hija.

No fue una famosa cantante la que le enseñó de qué trataba la adoración en verdad. Fue su madre. El camino a la sanación había comenzado ese día en la cocina de su madre. Ahora, ya adulta, Ingrid sabía que se había convertido en líder de adoración a causa de una valiente decisión que su madre había tomado hacia años. Ingrid cosechaba el beneficio de un empujón generacional hacia Dios. La acción de su mamá puede haber sido un sencillo acto de adoración, pero determinó cómo respondería su pequeña familia al espíritu de traición que había intentado desviarlos en ese momento y para siempre. Fue en los años que siguieron al matrimonio nuevo de su padre, que Ingrid descubrió que lo único que puede llenar el vacío de un padre ausente era la intimidad que vivía con Dios durante los momentos de adoración.

Todos podemos adorar cuando pareciera que el mundo es una fiesta. Pero es muy diferente la experiencia cuando decidimos en un momento de crudo dolor entregarle todo de regreso a Dios, para ponernos al abrigo de su sombra. Si todos corriéramos a nuestro Padre celestial cuando estamos heridos, como niñitas que se han raspado una rodilla, o como quien abandonado por su padre terrenal permite que Él le tome en sus brazos, ¡el amor de Dios nos haría nuevas criaturas! Dios de veras obra a través de quienes lo alaban, y obra no solo en la vida de Ingrid, ¡sino en la tuya y en la mía también!

EPÍLOGO

Declaración divina

Fuimos creados con el expreso anhelo de estar al abrigo de una sombra. Sin embargo, este deseo se ha visto satisfecho con intención demoníaca, porque el reino de las tinieblas siempre busca oprimir. En todo el mundo y en cada generación desde el amanecer de Eva, las mujeres han sido oprimidas.

Hay pocos países más opresores que China. Allí las mujeres son una carga y muchas veces sufren abandonos, o una vida signada por la negligencia. En China, lo único peor que la condición de mujer es ser mujer y cristiana. Pero Dios no ha permitido que estas crudas realidades cambien sus planes para el bendito pueblo chino.

Xiao Min nació en Henan, una pequeña aldea china. Sus padres granjeros, campesinos, no sabían si podrían cuidar de una pequeña. Cuando Xiao Min tenía unos diez años sus padres, con todo dolor, decidieron regalarla. Pero ¡qué curioso!... el mismo día hubo una inundación y sus planes se vieron frustrados.

Hoy los padres de esta mujer rebosan de gozo, porque la inundación les impidió cometer tan terrible error, porque Xiao Min es de gran bendición para su familia y también para muchos otros.

Al crecer Xiao Min tuvo alergias muy graves, que le causaban mareos y náuseas. Sus problemas de salud eventualmente hicieron que dejara de ir a la escuela, cuando todavía era adolescente. Su tía la invitó a una iglesia hogareña, donde fue milagrosamente sanada. Después de su sanación y salvación, Xiao Min empezó a oír canciones que provenían de su interior.

Xiao Min cantó su primer himno, que le dio el Espíritu Santo, hacia fines de 1990. Desde entonces recibió más de novecientos himnos. Sus canciones, conocidas como los Himnos de Canaán, ahora resuenan cantadas por más de ocho millones de creyentes chinos. Nadie, ni siquiera su propia familia, podría haber previsto que Dios la usaría de manera tan profunda, en especial considerando que Xiao Min no tiene conocimientos de música, y que no pudo terminar la escuela secundaria.

Muchos piensan que la autenticidad y humildad de Xiao Min son sus atributos más memorables.

La vasta cantidad de creyentes chinos que adoran a Dios a escondidas hoy cantan sus canciones, haciendo de Xiao Min la líder de adoración más celebrada de nuestros tiempos. La amenaza de arrestos y prisión a causa de su fe, solo alimenta su deseo de que Dios la utilice como mejor le parezca para bendecir a su pueblo. Solo Dios podía haber orquestado tal ironía al llevar a una joven del ambiente más opresivo, a la creación de una atmósfera de esperanza por medio de la adoración ¡y no solo para China, sino para el mundo entero!

En un día cualquiera en China, las niñas recién nacidas son abandonadas justamente por ser niñas. En África se les mutilan los genitales a las niñas y jóvenes en religiones tribales, y en nombre del Islam como primera cuchillada de odio hacia su condición de mujeres. Y en Medio Oriente las mujeres deben ir tapadas de pies a cabeza, mostrando solo los ojos como señal de su posición de inferioridad.

Aunque estoy en Norteamérica, donde ciertas libertades se dan por sentadas, observo un tipo de opresión diferente en cuanto a las mujeres. Es que somos bendecidas, favorecidas, liberadas y, sin embargo, hemos asumido una indefensión aprendida a la que somos ciegas. Nos mantiene cautivas no la codicia, los rituales religiosos o la esclavitud, sino el dinero, las compras, las cirugías y todo lo que hacemos por gratificarnos. No digo que buscar verte bella esté mal. Aprecio lo bello, y sé que Dios también lo aprecia. Lo que digo es que Dios nos ha dado poder para hacer mucho más que vernos lindas.

Creo que las mujeres de Norteamérica y en otros lugares prósperos de la Tierra, buscan una existencia con más propósito. Sin embargo, pareciera que buscamos el espíritu de la revelación en el espejo, viendo nuestro propio reflejo. Esto también es opresión, porque nos distrae de nuestro llamado a la búsqueda diaria: decoramos nuestras vidas con cosas que no tienen valor eterno. ¿Cuándo nos vamos a despertar para ver que Dios nos ha dado una "divina declaración"? Hemos sido liberadas para poder dar libertad a otros.

¡Qué honor y oportunidad tenemos al servir al reino de Dios! Somos bendecidas por haber sido elegidas para ministrar sanación a los oprimidos. No se nos ha llamado, ungido y dado poder con autoridad solo para decorar nuestras vidas personales, sino para decorar naciones enteras. En todo el mundo hay mujeres que necesitan ser liberadas de la opresión. Claman por poder albergarse a la sombra del Espíritu Santo. Anhelan ser utilizadas para albergar a la esperanza misma del Reino.

He tenido una visión, un horizonte que brilla sobre la libertad de todas las mujeres del mundo. Esta visión del Espíritu Santo me confirma que esta falsa y opresiva "sombra de abrigo" de origen demoníaco, tiene los días contados. Nuestro Creador nos ha dado un mandato. Tenemos que dejar atrás los detalles que nos distraen en nuestras vidas, aceptando con fervor y pasión la divina declaración de nuestra divina oportunidad, y actuando como María, albergar al Espíritu Santo que bendice y sana a los oprimidos.

Esperamos que este libro haya
sido de su agrado.
Para información o comentarios,
escríbanos a la dirección
que aparece debajo.
Muchas gracias.

Peniel
Libros para siempre

info@peniel.com
www.editorialpeniel.com

Notas

Notas

Notas

Notas

Notas

Notas